TOEFL® テスト
大戦略シリーズ I

はじめての TOEFL ITP® テスト 完全対策 [改訂版]

田中真紀子 著

著者

田中真紀子（たなか まきこ）

神田外語大学外国語学部英米語学科教授。教育学博士。上智大学卒業後、上智大学大学院よりMA（修士号）、カリフォルニア大学サンタバーバラ校よりMA（修士号）、同大学よりPh.D.（博士号）取得。専門は教育学（英語教育、児童英語教育）、応用言語学。これまでに英語学習番組、教材開発および監修、児童英語教員養成・研修など、英語教育の各方面で活躍。TOEFLテスト対策書やアカデミックプレゼンテーションの仕方を解説した*The Essential Guide to Academic Presentations*（マクミランランゲージハウス）、「英語のプレゼンテーション〈スキルアップ術〉」（研究社）など著書多数。NHK教育テレビ3か月トピック英会話「カリフォルニア縦断！シンプル会話術」講師。

※本書は、2010年3月に刊行された『これならわかるTOEFL® ITPテスト 総合対策』を改訂したものです。

はじめに

TOEFL (Test of English as a Foreign Language) テストはアメリカやカナダの大学、大学院に入学を希望する際に受験しなければならない英語能力試験 (proficiency test) です。1964年、米国ニュージャージー州に本部を置く世界最大規模のテスト開発・リサーチ機関であるETS (Educational Testing Service) によってペーパー版 TOEFLテスト (Paper-Based Testing: PBT) が開発されて以来、1998年には、コンピュータ版 TOEFLテスト (Computer-Based Testing: CBT) が、そして2005年にはインターネット版 TOEFLテスト (Internet-Based Testing: iBT) が開始され、日本では2006年より、iBTが利用されています。作成機関であるETS (2014) によると、現在130カ国以上の国々で、9,000以上の大学、大学院などの教育機関が受験生の入学の可否や英語力を判断する材料の1つとしてTOEFLを利用しています(*1, 2)。

本書で扱う TOEFL ITP (Institutional Testing Program) テストというのはTOEFLのペーパー版テストを再利用した団体向けのテストです。ETSによると教育機関を中心に、世界50カ国、2,500以上の団体で実施され、受験者数も80万人を超えています。日本では、現在全国で22万人以上が受験し、大学、短期大学や語学学校、専門学校、企業、官公庁などあわせて500以上の団体、教育機関で、英語のクラス分けや到達度テストとして、また科目の履修条件やプログラムの修了条件として、さらに単位認定や海外留学の選考試験として使われています。日本におけるTOEFL ITPテストの唯一の運営団体であるCIEEによると、TOEFLテストは、PBTから現在のiBTを通じて、テスト相互のスコアに、非常に高い相関性、妥当性があり、0.95以上(*3)という高い信頼性を持つテストとして運用されています(*3)。このことはITPを受けることで、iBTの得点を予測できることを意味します。

本書は、TOEFL ITPテストを受験する人たちのための初級者向け解説書です。TOEFL ITPテスト1回分の模擬試験を用いて、リスニング、文法、読解に必要な知識と英語力をつけられるように配慮してあります。リスニングでの会話やミニトークは大学生活の中でよく耳にするものを中心に、また文法問題は厳選し、文法の基礎知識が身につくように、さらに読解に関しては、人文社会科学関係、自然科学関係からバランスを考えてパッセージを作成し、解説では図解でパッセージの構成と内容がつかめるように工夫しました。本書を使って勉強することにより、語彙力やパッセージの内容に関する背景知識を身につけることができます。

なお、本書を作成するにあたって、英文および問題の作成は神田外語大学のRachael Ruegg先生にご協力をいただきました。ここに感謝の意を表します。

2015年3月
田中真紀子

*1　2014-2015 Information and Registration Bulletin　TOEFL iBT Test ; TOEFL(ETS, 2014)
*2　国際教育交換協議会(CIEE)(2014)
*3　信頼性は2002年7月から2003年6月に行われたETSのテストのデータに基づく。
※2017年2月現在の情報です。

もくじ

TOEFL ITPテスト　受験体験記

編集●新元　環
編集協力●株式会社メディア・ビーコン、津吉　襄、Sarah Matsumoto、株式会社CPI Japan
装丁デザイン●内津　剛（及川真咲デザイン事務所）
本文デザイン●尾引美代
イラスト●すどうまさゆき
CD録音●有限会社 スタジオ ユニバーサル

本書の利用法

本書は、「TOEFL ITPテストとは」「傾向と解答手順」「TOEFL ITPテスト　模擬試験」「TOEFL ITPテスト　受験体験記」から構成されています。

「TOEFL ITPテストとは」

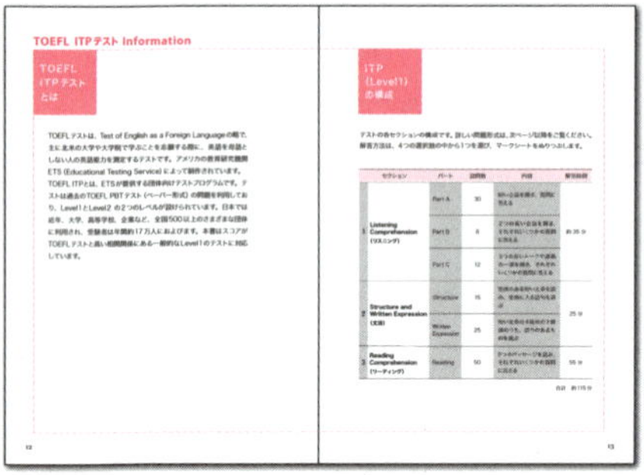

TOEFL ITPテストに関する基本情報を確認しましょう。

「傾向と解答手順」

「傾向と解答手順」でよく出題される問題の傾向と解答手順を確認しましょう。その後、「ミニ練習問題」に挑戦してみましょう。

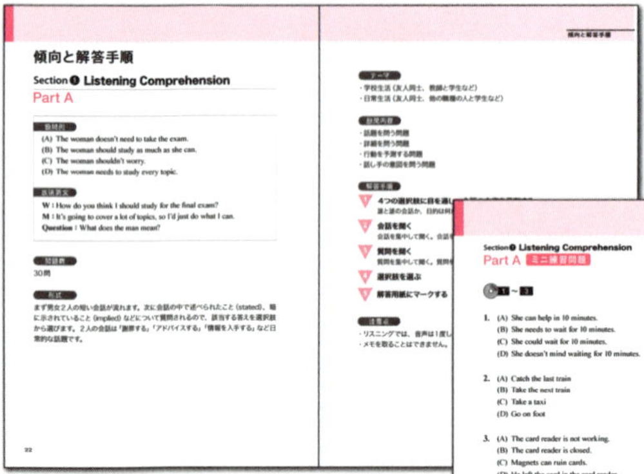

傾向と解答手順

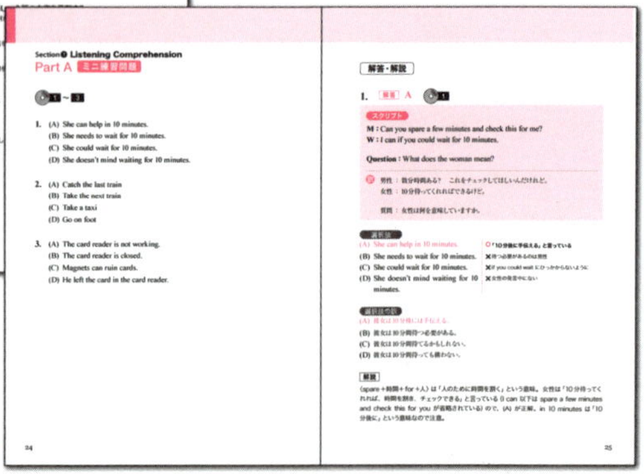

ミニ練習問題

『TOEFL ITPテスト　模擬試験』

実際に時間を計って解きましょう。解答用紙は巻末（p.239）にあります。

ディレクション

TOEFL ITPテストでは、実際に問題を解き始める前にディレクションと呼ばれる指示があります。ディレクションでは、例題を通して、問題の解答方法が説明されます。ディレクションで何が説明されているのかが理解できるように、訳も掲載しています。よく読んで問われている内容とテストの流れ、解答の方法を確認してください。

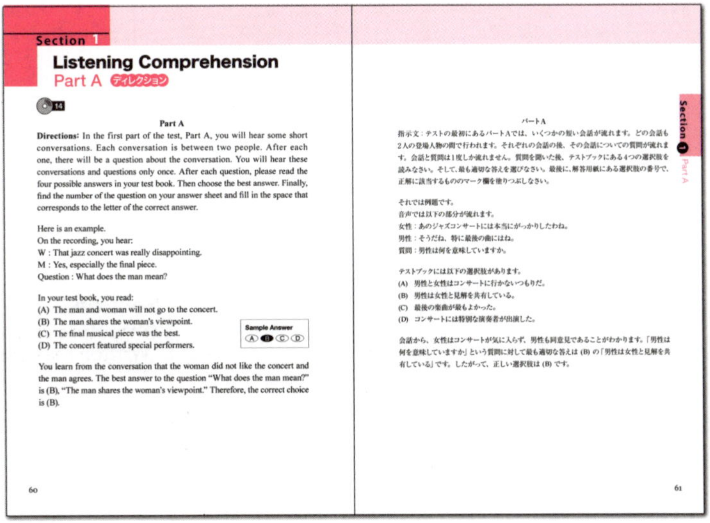

Section 1

Listening Comprehension

Part A ディレクション

14

Part A

Directions: In the first part of the test, Part A, you will hear some short conversations. Each conversation is between two people. After each one, there will be a question about the conversation. You will hear these conversations and questions only once. After each question, please read the four possible answers in your test book. Then choose the best answer. Finally, find the number of the question on your answer sheet and fill in the space that corresponds to the letter of the correct answer.

Here is an example.
On the recording, you hear:
W : That jazz concert was really disappointing.
M : Yes, especially the final piece.
Question : What does the man mean?

In your test book, you read:
(A) The man and woman will not go to the concert.
(B) The man shares the woman's viewpoint.
(C) The final musical piece was the best.
(D) The concert featured special performers.

Sample Answer
Ⓐ ● Ⓒ Ⓓ

You learn from the conversation that the woman did not like the concert and the man agrees. The best answer to the question "What does the man mean?" is (B), "The man shares the woman's viewpoint." Therefore, the correct choice is (B).

60

パートA

指示文：テストの最初にあるパートAでは、いくつかの短い会話が流れます。どの会話も2人の登場人物の間で行われます。それぞれの会話の後、その会話についての質問が流れます。会話と質問は1度しか流れません。質問を聞いた後、テストブックにある4つの選択肢を読みなさい。そして、最も適切な答えを選びなさい。最後に、解答用紙にある選択肢の番号で、正解に該当するもののマーク欄を塗りつぶしなさい。

それでは例題です。
音声では以下の部分が流れます。
女性：あのジャズコンサートには本当にがっかりしたわね。
男性：そうだね、特に最後の曲にはね。
質問：男性は何を意味していますか。

テストブックには以下の選択肢があります。
(A) 男性と女性はコンサートに行かないつもりだ。
(B) 男性は女性と見解を共有している。
(C) 最後の楽曲が最もよかった。
(D) コンサートには特別な演奏者が出演した。

会話から、女性はコンサートが気に入らず、男性も同意見であることがわかります。「男性は何を意味していますか」という質問に対して最も適切な答えは (B) の「男性は女性と見解を共有している」です。したがって、正しい選択肢は (B) です。

Section 1 Part A

61

問 題　解答・解説

各Sectionの冒頭に解答時間が書いてあります（Listening Sectionをのぞく）ので、実際に時間を計りましょう。効率よく学習できるように「問題」のすぐ近くに「解答・解説」がありますが、まずは「解答・解説」を隠して解いてみましょう。

問題を解き終えたら、解答、訳、解説をよく読んで、間違えた問題は何度も繰り返し学習しましょう。

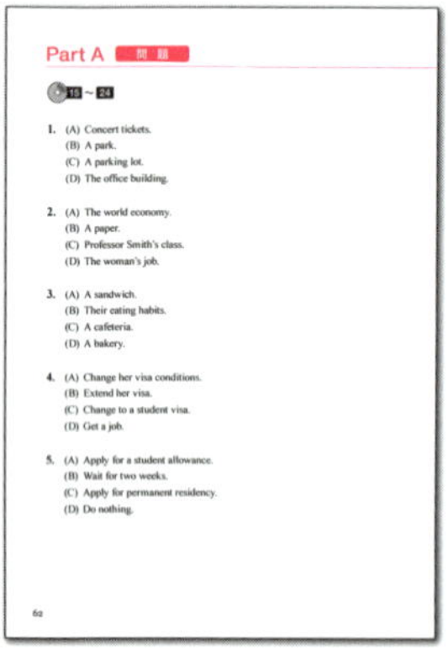

Part A 問 題

15 ~ 24

1. (A) Concert tickets.
(B) A park.
(C) A parking lot.
(D) The office building.

2. (A) The world economy.
(B) A paper.
(C) Professor Smith's class.
(D) The woman's job.

3. (A) A sandwich.
(B) Their eating habits.
(C) A cafeteria.
(D) A bakery.

4. (A) Change her visa conditions.
(B) Extend her visa.
(C) Change to a student visa.
(D) Get a job.

5. (A) Apply for a student allowance.
(B) Wait for two weeks.
(C) Apply for permanent residency.
(D) Do nothing.

62

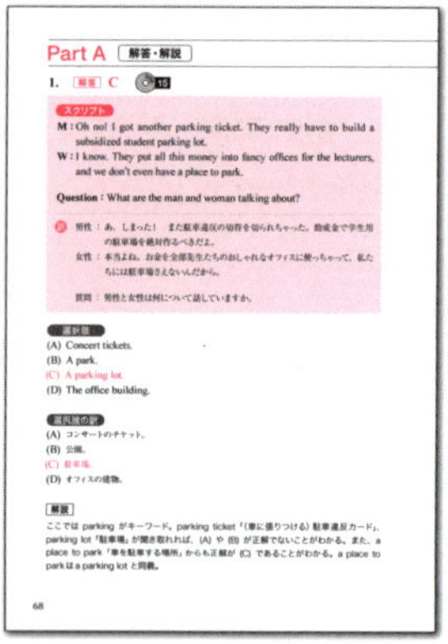

Part A 解答・解説

1. 解答 C 15

スクリプト

M : Oh no! I got another parking ticket. They really have to build a subsidized student parking lot.

W : I know. They put all this money into fancy offices for the lecturers, and we don't even have a place to park.

Question : What are the man and woman talking about?

訳 男性：あ、しまった！　また駐車違反の切符を切られちゃった。助成金で学生用の駐車場を絶対作るべきだよ。

女性：本当よね。お金を全部先生たちのおしゃれなオフィスに使っちゃって、私たちには駐車場さえないんだから。

質問：男性と女性は何について話していますか。

選択肢
(A) Concert tickets.
(B) A park.
(C) A parking lot.
(D) The office building.

選択肢の訳
(A) コンサートのチケット。
(B) 公園。
(C) 駐車場。
(D) オフィスの建物。

解説
ここでは parking がキーワード。parking ticket「(車に貼りつける) 駐車違反カード」、parking lot「駐車場」が聞き取れれば、(A) や (B) が正解でないことがわかる。また、a place to park「車を駐車する場所」からも正解が (C) であることがわかる。a place to park は a parking lot と同義。

68

Section 1
(Listening Comprehension)

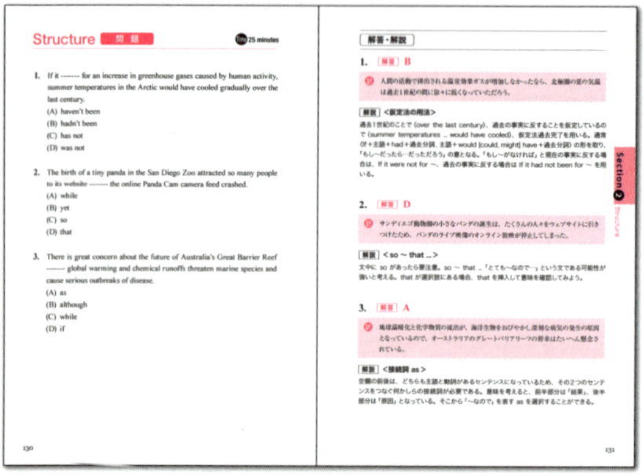

Structure 問 題　Time 25 minutes

1. If it ------- for an increase in greenhouse gases caused by human activity, summer temperatures in the Arctic would have cooled gradually over the last century.
(A) haven't been
(B) hadn't been
(C) has not
(D) was not

2. The birth of a tiny panda in the San Diego Zoo attracted so many people to its website ------- the online Panda Cam camera feed crashed.
(A) while
(B) yet
(C) so
(D) that

3. There is great concern about the future of Australia's Great Barrier Reef ------- global warming and chemical runoffs threaten marine species and cause serious outbreaks of disease.
(A) as
(B) although
(C) while
(D) if

130

解答・解説

1. 解答 B

訳 人間の活動で排出される温室効果ガスが増加しなかったなら、北極圏の夏の気温は過去1世紀の間に徐々に低くなっていただろう。

解説 <仮定法の用法>
過去1世紀のことで (over the last century)、過去の事実に反することを仮定しているので (summer temperatures ... would have cooled)、仮定法過去完了を用いる。通常 (If＋主語＋had＋過去分詞, 主語＋would [could, might] have＋過去分詞) の形を取り、「もし～だったら…だっただろう」の意となる。「もし～がなければ」と現在の事実に反する場合は、If it were not for ～、過去の事実に反する場合は If it had not been for ～ を用いる。

2. 解答 D

訳 サンディエゴ動物園の小さなパンダの誕生は、たくさんの人々をウェブサイトに引きつけたため、パンダのライブ映像のオンライン放映が停止してしまった。

解説 <so ～ that ...>
文中に so があったら要注意。so ～ that ...「とても～なので…」という文である可能性が強いと考える。that が選択肢にある場合、that を挿入して意味を確認してみよう。

3. 解答 A

訳 地球温暖化と化学物質の流出が、海洋生物をおびやかし深刻な病気の発生の原因となっているので、オーストラリアのグレートバリアリーフの将来はたいへん懸念されている。

解説 <接続詞 as>
空欄の前後は、どちらも主語と動詞があるセンテンスになっているため、その2つのセンテンスをつなぐ何かしらの接続詞が必要である。意味を考えると、前半部分は「結果」、後半部分は「原因」となっている。そこから「～なので」を表す as を選択することができる。

Section 2 Structure

131

Section 2
(Structure and Written Expression)

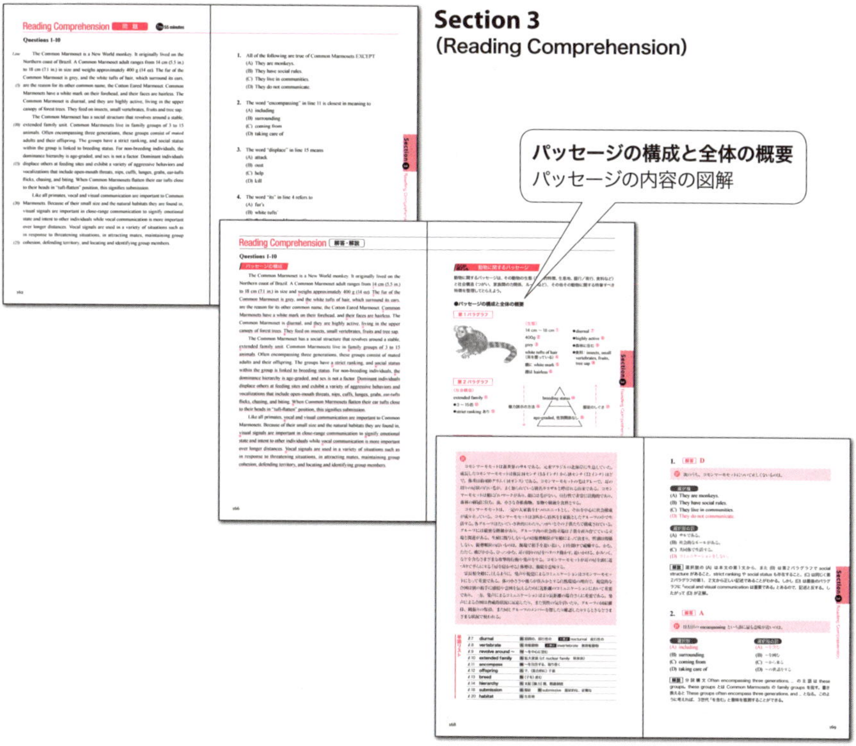

Section 3
(Reading Comprehension)

パッセージの構成と全体の概要
パッセージの内容の図解

『TOEFL ITPテスト　受験体験記』

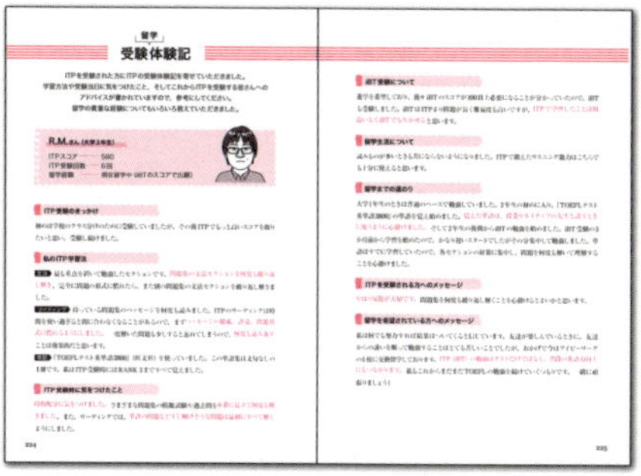

ITPを受験された方のITP受験体験記です。留学に関する貴重な経験談も収録。

付属CDについて

本書の付属CDには「傾向と解答手順」のミニ練習問題と「模擬試験」のSection 1のすべての音声が収録されています。本文中ではトラック表示を 1 という形で示しています。英語は1度しか読まれません。

▶ CDの収録内容（収録時間 約41分）

傾向と解答手順　ミニ練習問題

トラック番号	内　容
1 〜 3	Part A
4 〜 8	Part B
9 〜 13	Part C

模擬試験　Section 1

トラック番号	内　容
14 〜 44	Part A
45 〜 55	Part B
56 〜 71	Part C

【注意】付属のCDは、音楽CDプレーヤーでの再生を前提としております。パソコンなどで再生する場合、あるいは携帯型音楽プレーヤーに取り込む場合には不具合が生じる可能性がございますことを、あらかじめご了承ください。

TOEFL ITP テストとは

TOEFL ITPテストとは

TOEFLテストは、Test of English as a Foreign Languageの略で、主に北米の大学や大学院で学ぶことを志願する際に、英語を母語としない人の英語能力を測定するテストです。アメリカの教育研究機関ETS (Educational Testing Service) によって制作されています。TOEFL ITPとは、ETSが提供する団体向けテストプログラムです。テストは過去のTOEFL PBTテスト（ペーパー形式）の問題を利用しており、Level1とLevel2 の2つのレベルが設けられています。日本では近年、大学、高等学校、企業など、全国500以上のさまざまな団体に利用され、受験者は年間約22万人におよびます。本書はスコアがTOEFLテストと高い相関関係にある一般的なLevel1のテストに対応しています。

※2017年2月現在の情報です。受験の際はCIEEホームページで最新情報をご確認ください。

ITP (Level1) の構成

テストの各セクションの構成です。詳しい問題形式は、次ページ以降をご覧ください。
解答方法は、4つの選択肢の中から1つを選び、マークシートをぬりつぶします。

セクション		パート	設問数	内容	解答時間
1	Listening Comprehension (リスニング)	Part A	30	短い会話を聞き、質問に答える	約35分
		Part B	8	2つの長い会話を聞き、それぞれいくつかの質問に答える	
		Part C	12	3つの長いトークや講義の一部を聞き、それぞれいくつかの質問に答える	
2	Structure and Written Expression (文法)	Structure	15	空所のある短い文章を読み、空所に入る語句を選ぶ	25分
		Written Expression	25	短い文章の4箇所の下線部のうち、誤りのあるものを選ぶ	
3	Reading Comprehension (リーディング)	Reading	50	5つのパッセージを読み、それぞれいくつかの質問に答える	55分

合計　約115分

ITPの各セクション

各セクションの詳しい内容です。

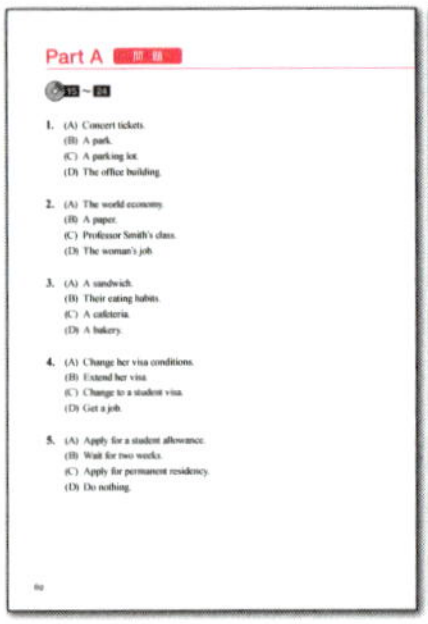

Part A 問題

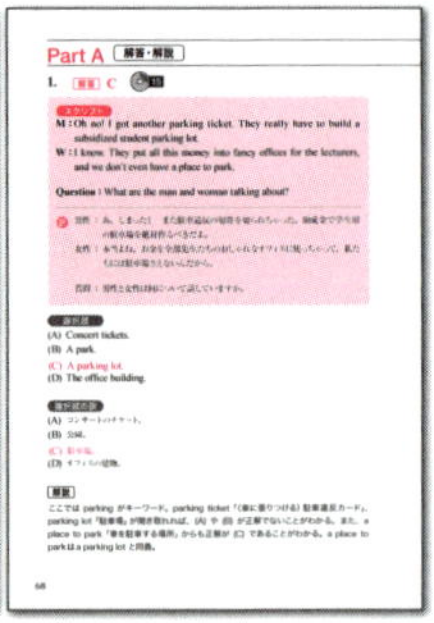

Part A 解答・解説

●リスニング（50問　約35分）

Part A

男女の短い会話を聞いて、発言の内容や意図などについての質問に答えます。

Part B

Part Aよりも長い会話を聞いて、内容についての質問に答えます。

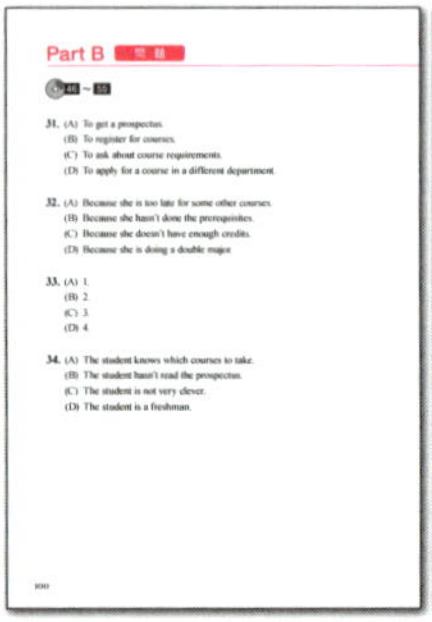

Part B 問題

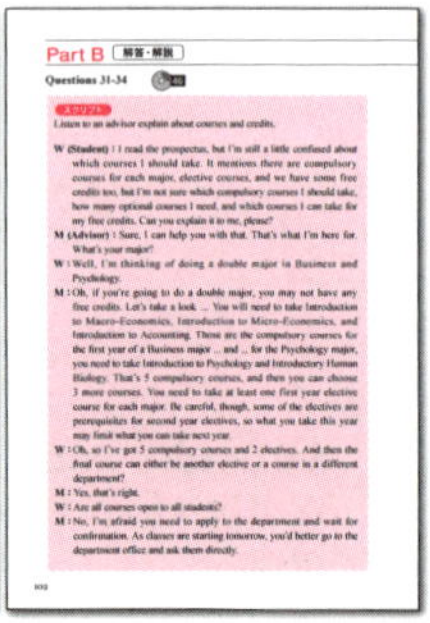

Part B 解答・解説

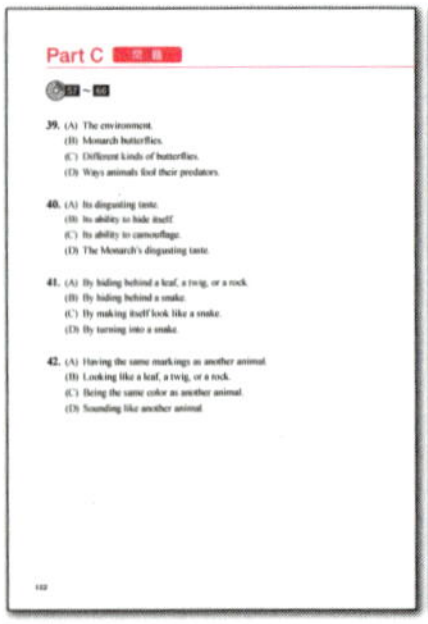

Part C 問題

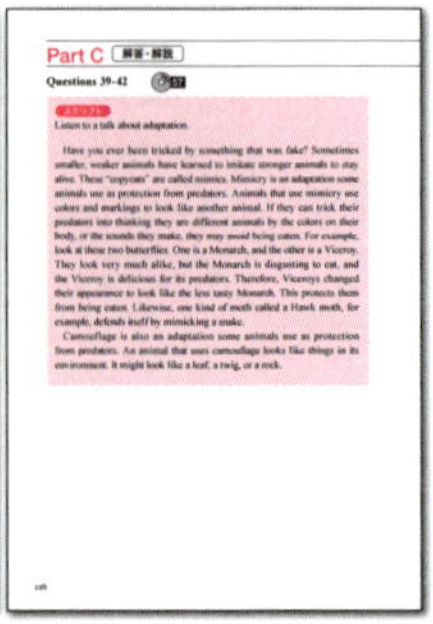

Part C 解答・解説

Part C

長いトークや講義の一部を聞いて、内容についての質問に答えます。

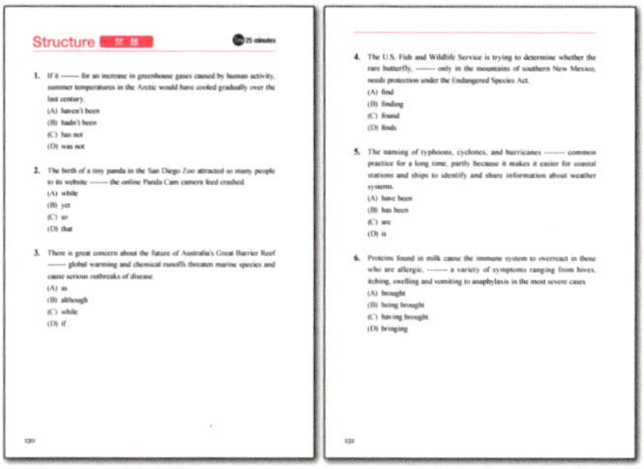

Structure 問題 25 minutes

1. If it ------ for an increase in greenhouse gases caused by human activity, summer temperatures in the Arctic would have cooled gradually over the last century.
(A) haven't been
(B) hadn't been
(C) has not
(D) was not

2. The birth of a tiny panda in the San Diego Zoo attracted so many people to its website ------ the online Panda Cam camera feed crashed.
(A) while
(B) yet
(C) so
(D) that

3. There is great concern about the future of Australia's Great Barrier Reef ------ global warming and chemical runoffs threaten marine species and cause serious outbreaks of disease.
(A) as
(B) although
(C) while
(D) if

4. The U.S. Fish and Wildlife Service is trying to determine whether the rare butterfly, ------ only in the mountains of southern New Mexico, needs protection under the Endangered Species Act.
(A) find
(B) finding
(C) found
(D) finds

5. The naming of typhoons, cyclones, and hurricanes ------ common practice for a long time, partly because it makes it easier for coastal stations and ships to identify and share information about weather systems.
(A) have been
(B) has been
(C) are
(D) is

6. Proteins found in milk cause the immune system to overreact in those who are allergic, ------ a variety of symptoms ranging from hives, itching, swelling and vomiting to anaphylaxis in the most severe cases.
(A) brought
(B) being brought
(C) having brought
(D) bringing

●文法（40問　25分）

Structure

文中に空所があり、そこに入る文法的に正しいものを選びます。

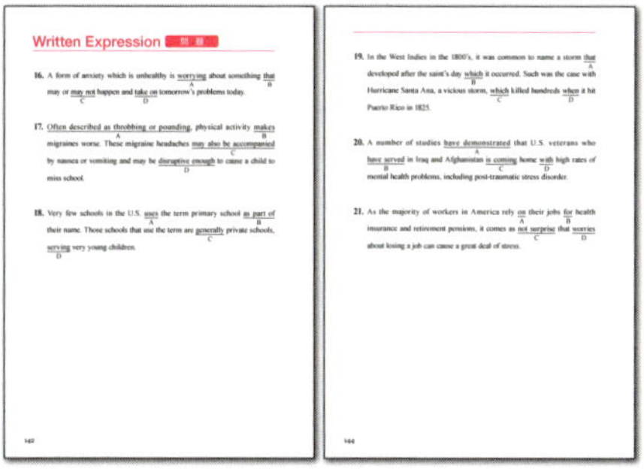

Written Expression 問題

16. A form of anxiety which is unhealthy is worrying (A) about something that (B) may or may not (C) happen and take on (D) tomorrow's problems today.

17. Often described as throbbing or pounding (A), physical activity makes (B) migraines worse. These migraine headaches may also be accompanied (C) by nausea or vomiting and may be disruptive enough (D) to cause a child to miss school.

18. Very few schools in the U.S. uses (A) the term primary school as part of (B) their name. Those schools that use the term are generally (C) private schools, serving (D) very young children.

19. In the West Indies in the 1800's, it was common to name a storm that (A) developed after the saint's day which (B) it occurred. Such was the case with Hurricane Santa Ana, a vicious storm, which (C) killed hundreds when (D) it hit Puerto Rico in 1825.

20. A number of studies have demonstrated (A) that U.S. veterans who have served (B) in Iraq and Afghanistan is coming (C) home with (D) high rates of mental health problems, including post-traumatic stress disorder.

21. As the majority of workers in America rely on (A) their jobs for (B) health insurance and retirement pensions, it comes as not surprise (C) that worries (D) about losing a job can cause a great deal of stress.

Written Expression

文中の4つの下線部のうち、文法的に間違っているものを1つ選びます。

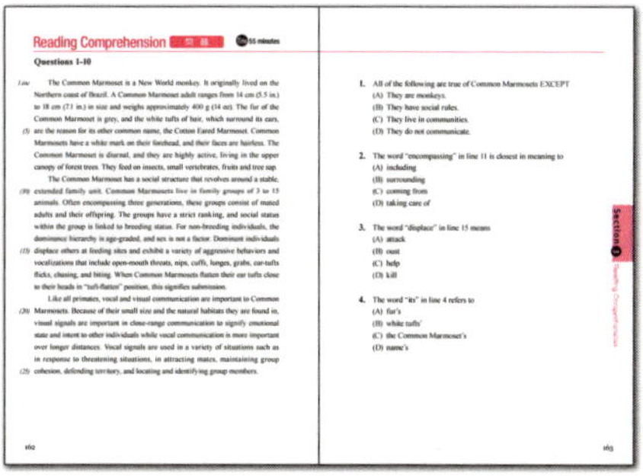

Reading Comprehension 問題 55 minutes

Questions 1-10

The Common Marmoset is a New World monkey. It originally lived on the Northern coast of Brazil. A Common Marmoset adult ranges from 14 cm (5.5 in.) to 18 cm (7.1 in.) in size and weighs approximately 400 g (14 oz). The fur of the Common Marmoset is grey, and the white tufts of hair, which surround its ears, are the reason for its other common name, the Cotton Eared Marmoset. Common Marmosets have a white mark on their forehead, and their faces are hairless. The Common Marmoset is diurnal, and they are highly active, living in the upper canopy of forest trees. They feed on insects, small vertebrates, fruits and tree sap.

The Common Marmoset has a social structure that revolves around a stable, extended family unit. Common Marmosets live in family groups of 3 to 15 animals. Often encompassing three generations, these groups consist of mated adults and their offspring. The groups have a strict ranking, and social status within the group is linked to breeding status. For non-breeding individuals, the dominance hierarchy is age-graded, and sex is not a factor. Dominant individuals displace others at feeding sites and exhibit a variety of aggressive behaviors and vocalizations that include open-mouth threats, nips, cuffs, lunges, grabs, ear-tufts flicks, chasing, and biting. When Common Marmosets flatten their ear tufts close to their heads in "tuft-flatten" position, this signifies submission.

Like all primates, vocal and visual communication are important to Common Marmosets. Because of their small size and the natural habitats they are found in, visual signals are important in close-range communication to signify emotional state and intent to other individuals while vocal communication is more important over longer distances. Vocal signals are used in a variety of situations such as in response to threatening situations, in attracting mates, maintaining group cohesion, defending territory, and locating and identifying group members.

1. All of the following are true of Common Marmosets EXCEPT
(A) They are monkeys.
(B) They have social rules.
(C) They live in communities.
(D) They do not communicate.

2. The word "encompassing" in line 11 is closest in meaning to
(A) including
(B) surrounding
(C) coming from
(D) taking care of

3. The word "displace" in line 15 means
(A) attack
(B) oust
(C) help
(D) kill

4. The word "its" in line 4 refers to
(A) fur's
(B) white tufts'
(C) the Common Marmoset's
(D) name's

●リーディング（50問　55分）

Reading

長文読解の問題です。1つのパッセージにつき10問程度あります。大学の授業で取り上げられるような学術的な内容です。

ITPの
スコア

スコアは、各セクションごとに以下のスコア範囲で算出されます。全体スコアは最低310点～最高677点になります。結果は実施団体宛に送付されます。

セクション		スコアの範囲
1	**Listening Comprehension**	31～68
2	**Structure and Written Expression**	31～68
3	**Reading Comprehension**	31～67
	全体	310～677

問い合わせ先

英語教育関係者、高等学校・大学教職員、国際交流団体・企業関係者など、ご自身の学生・生徒・社員などに対してTOEFL ITP実施をご検討の方は、下記にお問い合わせください。個人でのお申し込みはできませんのでご注意ください。

国際教育交換協議会（CIEE）

日本代表部（東京）
〒150-8355
東京都渋谷区神宮前5-53-67
コスモス青山ギャラリーフロア B1F
電話番号：03-5467-5501（代表）
（土日祝祭日を除くAM9:30 ～ PM5:30）
ホームページ：http://www.cieej.or.jp/toefl/

Educational Testing Service (ETS)

Customer Support Center in Japan
電話番号：0120-981-925（フリーダイヤル）
（土日祝祭日を除くAM9:00 ～ PM5:00）
Eメール：TOEFLSupport4Japan@ets.org

iBTとの違い

TOEFLテストには、ITPとiBTという2つのタイプがあります。特に用途、試験形式や出題されるセクションが大きく異なりますので、それぞれの違いを理解しておきましょう。

	ITP	iBT
用途	通常、留学で求められる公式なスコアとしては使えないが、大学のクラス分け、大学院入試、交換留学の学内選抜、iBT受験の準備などに広く使われる	主に北米を中心とした英語圏への留学に必要な公式スコアとして使われる
個人・団体	団体受験のみ (個人では申し込めない)	個人で受験 (受験者が自分で申し込む)
形式	紙(マークシート)	PC
問題作成	かつて使われたPBTの問題を利用	新たに作成
セクション	リスニング/文法/リーディング	リーディング/リスニング/スピーキング/ライティング *リーディング・リスニングは内容や形式がITPとは異なる
時間	約2時間	約4~4.5時間
スコア	310~677 (各セクション31~67または68)	0~120 (各セクション0~30)

iBTとのセクションの違い

各セクションはそれぞれ以下のとおりです。

	ITP	iBT
リスニング	短い会話　30問 2会話　各4問 3トーク・講義　各4問	2-3会話　各5問 4-6講義　各6問
文法	空所補充問題　15問 誤文訂正問題　25問	—
リーディング	5パッセージ　各10問	3-4パッセージ　各12-14問
スピーキング	—	6問
ライティング	—	2問

iBTとの
スコア比較

両者のスコアを比べたいときには、以下の表を参考にしてください。

ITP	iBT
677	120
640	111
600	100
550	79
500	61
450	45
400	32

*上記はPBT（ライティング、スピーキングは含まれない）のスコアを参照して算出しています。

傾向と解答手順

傾向と解答手順

Section ❶ Listening Comprehension

Part A

設問例

(A) The woman doesn't need to take the exam.
(B) The woman should study as much as she can.
(C) The woman shouldn't worry.
(D) The woman needs to study every topic.

放送英文

W : How do you think I should study for the final exam?
M : It's going to cover a lot of topics, so I'd just do what I can.
Question : What does the man mean?

問題数

30問

形式

まず男女2人の短い会話が流れます。次に会話の中で述べられたこと（stated）、暗に示されていること（implied）などについて質問されるので、該当する答えを選択肢から選びます。2人の会話は「謝罪する」「アドバイスする」「情報を入手する」など日常的な話題です。

テーマ

・学校生活（友人同士、教師と学生など）
・日常生活（友人同士、他の職種の人と学生など）

設問内容

・話題を問う問題
・詳細を問う問題
・行動を予測する問題
・話し手の意図を問う問題

解答手順

1 **4つの選択肢に目を通し、会話の内容を予測する**
誰と誰の会話か、目的は何かなど、大ざっぱにつかんで会話の予測をする。

2 **会話を聞く**
会話を集中して聞く。会話を聞いている間は、選択肢を見ない。

3 **質問を聞く**
質問を集中して聞く。質問を聞いている間は、選択肢を見ない。

4 **選択肢を選ぶ**

5 **解答用紙にマークする**

注意点

・リスニングでは、音声は1度しか流れません。
・メモを取ることはできません。

Section ❶ Listening Comprehension

Part A ミニ練習問題

1 ～ 3

1. (A) She can help in 10 minutes.
   (B) She needs to wait for 10 minutes.
   (C) She could wait for 10 minutes.
   (D) She doesn't mind waiting for 10 minutes.

2. (A) Catch the last train
   (B) Take the next train
   (C) Take a taxi
   (D) Go on foot

3. (A) The card reader is not working.
   (B) The card reader is closed.
   (C) Magnets can ruin cards.
   (D) He left the card in the card reader.

解答・解説

1. 解答 A 1

スクリプト

M：Can you spare a few minutes and check this for me?
W：I can if you could wait for 10 minutes.

Question：What does the woman mean?

訳 男性：数分時間ある？　これをチェックしてほしいんだけれど。
女性：10分待ってくれればできるけど。

質問：女性は何を意味していますか。

選択肢

(A) She can help in 10 minutes. ○「10分後に手伝える」と言っている
(B) She needs to wait for 10 minutes. ✕待つ必要があるのは男性
(C) She could wait for 10 minutes. ✕if you could wait にひっかからないように
(D) She doesn't mind waiting for 10 minutes. ✕女性の発言中にない

選択肢の訳

(A) 彼女は10分後には手伝える。
(B) 彼女は10分間待つ必要がある。
(C) 彼女は10分間待てるかもしれない。
(D) 彼女は10分間待っても構わない。

解説

〈spare＋時間＋for＋人〉は「人のために時間を割く」という意味。女性は「10分待ってくれれば、時間を割き、チェックできる」と言っている（I can 以下は spare a few minutes and check this for you が省略されている）ので、(A) が正解。in 10 minutes は「10分後に」という意味なので注意。

2. 解答 C 2

スクリプト

M : Hurry up. We need to catch the last train. Or else, we will have to walk.
W : We might as well go by taxi.

Question : What does the woman suggest they do?

訳 男性 ： 急いで。最終電車に乗らないと。さもないと歩かなきゃならないよ。
女性 ： タクシーで行ったほうがいいよ。

質問 ： 女性は何をするように提案していますか。

選択肢

(A) Catch the last train	✕最終電車に乗ろうと提案しているのは男性
(B) Take the next train	✕最終電車の後の電車はない
(C) Take a taxi	○「タクシーで行ったほうがいい」と言っている
(D) Go on foot	✕「電車を逃したら歩くことになる」は男性の発言

選択肢の訳

(A) 最終電車に間に合わせる
(B) 次の電車に乗る
(C) タクシーに乗る
(D) 歩いて行く

解説

or else は「さもなければ (=otherwise)」の意。男性は、最終電車を逃したら歩かなければならないので、最終電車に乗ろうと提案している。それに対して女性は（急ぐくらいなら）タクシーに乗ろうと提案している。might as well は「～したほうがよさそうだ」の意。

3. 解答 C 3

スクリプト

M : Excuse me. Can you help me with my ID card? It's no longer working.

W : Did you leave the card close to a magnet? If you do that, sometimes the card readers can't read them.

Question : What does the woman imply?

訳 男性 : すみません。僕のIDカードのことで相談なんですが。カードが使えなくなってしまったのです。

女性 : カードを磁石の近くに置きましたか。そうだとしたら、カードリーダーがカードを読み取れなくなることがありますよ。

質問 : 女性は暗に何を言っていますか。

選択肢

(A) The card reader is not working.	✕「使えない」のはカード
(B) The card reader is closed.	✕close to と closed を混乱しないように
(C) Magnets can ruin cards.	○If you do that 以下から正解
(D) He left the card in the card reader.	✕カードリーダーに置き忘れたのではない

選択肢の訳

(A) カードリーダーが機能していない。
(B) カードリーダーは閉じている。
(C) 磁石はカードをだめにすることがある。
(D) 彼はカードをカードリーダーの中に置き忘れた。

解説

no longer working は「もう使えない」の意。男性はIDカード（身分証明書）が使えなくなったので、女性に助けを求めている。女性は、カードを磁石の近くに置いておくと、磁石の影響でカードリーダーがカードを読み取れなくなってしまうと言っている。正解は（C)。

傾向と解答手順

Section ❶ Listening Comprehension

Part B

設問例

(A) He needs a solid plan for completing his major.
(B) He has to enjoy his final year before graduating.
(C) He can postpone his graduation for one more year.
(D) He should complete the required chemistry courses before leaving.

放送英文

M : I'm thinking about studying abroad in Spain for my senior year.
W : Won't that affect your progress as a chemistry major?
M : Well, they seem to have the chemistry courses I need for fulfilling my department's requirements.
W : If you play your cards right, you'll be able to graduate on schedule.
…略…
Question : What is the woman saying to the man?

問題数

8問：(長い会話＋4問) × 2セット

形式

少し長め（1～2分程度）の会話を聞きます。会話は、大学生が日常生活で一般的にする内容です。例えば「締め切り日までに研究レポートを作成すること」や「欠席した講義のノートを見せてもらうこと」、また「航空券を購入すること」などです。

テーマ

・学生生活全般（寮生活、学食、学校行事など）に関する学生同士の会話
・大学授業全般（単位・試験・履修など）に関する教師と学生、アドバイザーと学生などの会話
・大学の規則（図書館の利用法、授業料、授業の登録方法、ビザ、留学など）に関する事務局職員と学生の会話

設問内容

・話題を問う問題
・詳細を問う問題
・行動を予測する問題
・話し手の意図を問う問題

解答手順

1 選択肢に目を通し、会話の内容を予測する

設問が4つあるので、全体をざっと見て、誰と誰の会話で、目的、内容などが何か、会話の概要を予測する。

2 会話を聞く

会話を集中して聞く。会話を聞いている間は、選択肢を見ない。誰と誰の会話か（教師と学生か、学習アドバイザーや事務局職員との会話かなど）、目的は何か、どのような情報が伝達されているかなどを整理しながら聞く。

3 質問を聞く

質問を集中して聞く。質問を聞いている間は、選択肢を見ない。

4 選択肢を選ぶ

5 解答用紙にマークする

注意点

・リスニングでは、音声は1度しか流れません。
・メモを取ることはできません。

Section ❶ Listening Comprehension

Part B ミニ練習問題

4 ～ 8

1. (A) He cannot find a way to the library.
   (B) He cannot find a journal.
   (C) He doesn't know how to borrow a book.
   (D) He doesn't know how to reserve a book.

2. (A) It has been checked out.
   (B) It is no longer subscribed.
   (C) It is in a library in the university.
   (D) It is released from reserve.

3. (A) Check out the journal.
   (B) Try the interlibrary loan system.
   (C) Subscribe to the journal.
   (D) Reserve a journal.

4. (A) He made a request for the journal.
   (B) He bought the journal.
   (C) He went to another library.
   (D) He checked out the journal.

解答・解説 スクリプト 4

Listen to a conversation about a journal.

M：Excuse me. May I interrupt you for a second?

W：Yes, what can I do for you?

M：I'm looking for a journal, but I can't find it.

W：Which journal are you looking for?

M：I'm looking for *Language and Technology.*

W：It may be checked out. Let me look it up for you. Oh, I'm sorry, but we don't subscribe to that journal at this library. Have you tried the interlibrary loan system?

M：No, what is it? I've never heard of it.

W：Well, we can borrow materials from other university libraries.

M：Does it cost money?

W：No, libraries do that for free. Let's see if other university libraries have it. Actually, one of our university libraries has it, but it's on reserve for the next few days. Do you want to make a request for it?

M：Yes, please.

W：Okay, this way, you'll be given first priority when it's released from reserve.

M：That'll be great. Thank you very much.

W：You're welcome.

訳 雑誌についての会話を聞きなさい。

男性：すみません。ちょっとよろしいですか。

女性：はい。どうしましたか。

男性：ある雑誌を探しているんですが見つからないんです。

女性：何という雑誌を探しているのですか。

男性：『言語と技術』を探しています。

女性：貸し出されているのかもしれませんね。ちょっと見てみましょう。あら、残念ですが、この図書館ではその雑誌は定期講読していませんね。図書館間貸し出しシステムを試してみましたか。

男性：いいえ、それは何ですか。聞いたことがありません。

女性：はい、他の大学の図書館から図書を借りることができるんですよ。

男性：お金はかかるんですか。

女性：無料です。他の大学の図書館に所蔵されているか調べてみましょう。あっ、これはうちの大学の図書館の1つにありますね。でもこの先数日取り置きされています。貸し出しの申し込みをしますか。

男性：はい、お願いします。

女性：わかりました。こうすれば、取り置きが解消されたら最初に借りられますからね。

男性：それはよかった。ありがとうございます。

女性：どういたしまして。

1. 解答 B 5

Question : What is the man's problem?

訳 質問：男性はどんな問題を抱えていますか。

選択肢

(A) He cannot find a way to the library. ✕図書館への行き方ではない
(B) He cannot find a journal. ○a journal が見つからないと言っている
(C) He doesn't know how to borrow a book. ✕本の借り方は話題になっていない
(D) He doesn't know how to reserve a book. ✕本の取り置きの仕方ではない

選択肢の訳

(A) 彼は図書館への行き方がわからない。
(B) 彼はある雑誌を見つけられない。
(C) 彼は本の借り方がわからない。
(D) 彼はどのように本を取り置きするのかわからない。

解説 男性は a journal を探しているが、I can't find it と言っていることから、問題は借りたい雑誌が見つからないことで、正解は (B)。

2. 解答 C 6

Question : What does the woman say about the journal the man is looking for?

訳 質問：女性は男性が探している雑誌について何と言っていますか。

選択肢

(A) It has been checked out. ✕It may be checked out. と混乱しないように
(B) It is no longer subscribed. ✕図書館では定期購読していない
(C) It is in a library in the university. ○Actually 以下から正解
(D) It is released from reserve. ✕it's on reserve＝まだ取り置きされた状態

選択肢の訳

(A) それは貸し出されている。
(B) それは今はもう定期購読されていない。
(C) それは大学の図書館にある。
(D) それは取り置きが解消されている。

解説 男性が探している雑誌は、女性が図書館間貸し出しシステムで調べてみると、同じ大学の他の図書館に所蔵されている (one of our university libraries has it) ことがわかったので、正解は (C)。

3. 解答 B 7

Question： What did the woman recommend the man do?

訳 質問：女性は男性に何を勧めましたか。

選択肢

(A) Check out the journal.	✕雑誌は取り置き中なので借りられない
(B) Try the interlibrary loan system.	○Have you tried 以下から正解
(C) Subscribe to the journal.	✕雑誌を定期購読するよう勧めていない
(D) Reserve a journal.	✕雑誌を取り置きするように言っていない

選択肢の訳

(A) その雑誌を借り出す。

(B) 図書館間貸し出しシステムを試す。

(C) その雑誌を定期購読する。

(D) 雑誌を取り置きする。

解説 女性は、図書館では男性が借りたい雑誌を定期購読していないので、Have you tried the interlibrary loan system? と、他の図書館に所蔵されているか調べるように勧めた。

4. 解答 A 8

Question： What did the man do after all?

訳 質問：男性は結局何をしたでしょうか。

選択肢

(A) He made a request for the journal.	○Do you want to ...? — Yes, please. より正解
(B) He bought the journal.	✕雑誌を購入していない
(C) He went to another library.	✕発言にない
(D) He checked out the journal.	✕雑誌を借りていない

選択肢の訳

(A) 彼はその雑誌の貸し出しの申し込みをした。

(B) 彼はその雑誌を買った。

(C) 彼は別の図書館へ行った。

(D) 彼はその雑誌を借り出した。

解説 女性が、同じ大学の他の図書館に取り置きされている雑誌を申し込むか男性に尋ねたところ、男性は Yes, please. と答えているので、(A) が正解。

傾向と解答手順

Section ❶ Listening Comprehension

Part C

設問例

(A) It will be easier than originally planned.
(B) It will be held in Washington D.C.
(C) Studying will not be required for it.
(D) It will include an apology for the schedule change.

放送英文

Listen to a professor talk about class schedule.
Class, I'd like to talk to you about a sudden change in the schedule. As you know, our class excursion to the Smithsonian Museum in Washington D. C. has been postponed due to unexpected weather conditions. Therefore, the midterm will have to be moved up to a week earlier. However, to make up for the reduced amount of study time, the test items will be designed to be a lot more forgiving.
Question： What does the professor say about the exam?

問題数

12問：(トーク＋4問) × 3セット

形式

1～2分程度のトークや講義の一部を聞きます。トークや講義で述べられていること (stated)、および、暗に示されていること (implied) について質問されるので、該当するものを選択肢から選びます。具体的には、「話し手は主に何について話しているか」、「トークの目的は何か」などです。トークや講義の内容によっては、重要な詳細部分や聞き手に対する話し手の役割、聞き手との関係などを推測する問題も出題されます。

テーマ

・講義の一部（大学の入門クラスの講義で専門的な内容ではない）
・講義概要や履修条件、クラスの規則などに関する教師の説明
・大学事務局員による履修、大学案内など
・博物園、展示会、美術館でのガイドの説明など

設問内容

・主旨を問う問題
・詳細を問う問題
・話し手の意図を問う問題

解答手順

1 **選択肢に目を通し、トークの内容を予測する**
設問が4つあるので、全体をざっと見て、誰が何について話そうとしているのか話の概要を予測する。

2 **トークを聞く**
トークを集中して聞く。トークを聞いている間は、選択肢を見ない。誰が何について話しているのか、どのような情報が伝達されているかなどを整理しながら聞く。

3 **質問を聞く**
質問を集中して聞く。質問を聞いている間は、選択肢を見ない。

4 **選択肢を選ぶ**

5 **解答用紙にマークする**

注意点

・リスニングでは、音声は1度しか流れません。
・メモを取ることはできません。

Section ❶ Listening Comprehension

Part C ミニ練習問題

9 ～ 13

1. (A) To talk about children's favorite activities
   (B) To report the reasons for watching television
   (C) To explain why television has a big influence
   (D) To argue if media helps children learn language

2. (A) Children from lower income families watch more.
   (B) Children from higher income families watch more.
   (C) Children from lower income families do not watch TV.
   (D) Children from higher income families do not watch TV.

3. (A) It disturbs children's thinking.
   (B) It improves children's intellectual abilities.
   (C) It entertains children.
   (D) It helps children develop social skills.

4. (A) Parents should limit time spent on watching TV.
   (B) Language learning needs to be left to the media.
   (C) Parents need to intervene while children are watching TV.
   (D) Parents should read books to children instead.

解答・解説

スクリプト 9

Listen to a professor talk about the influence of media on children

According to some research, more and more infants and toddlers are being exposed to television or videotapes. One study indicates that 74% of all infants and toddlers surveyed had watched television before the age of two. Do you think it's a good thing for young children? Today, I'm going to talk about some research findings about children's media watching, and how professionals in the field of early childhood respond to this phenomenon. Interestingly, studies found that children from lower income families watched more than children from higher income families. This may be because families with lower incomes cannot afford costly activities such as swimming and music that families with higher incomes may be able to afford. However, the most important question here is "can young children learn language skills from the media?" Many parents seem to believe that television and video help improve children's intellectual development and language skills. Studies show that they will facilitate children's language development, but only when parents mediate the viewing experience by defining words in a way children understand, asking questions, and encouraging conversation.

訳 メディアが子供に及ぼす影響について教授が講義するのを聞きなさい。

ある研究によると、テレビやビデオテープを見る乳幼児がますます増えてきているというのです。ある研究が示すところでは、調査対象の全乳幼児の74%が2歳になる前からテレビを見ていました。これが低年齢の子供にとっていいことだと思いますか。今日は、子供のメディア視聴に関するいくつかの研究結果と幼児期の分野の専門家がこの現象をどうとらえているのかについてお話しいたします。興味深いことに、低所得世帯の子供は高所得世帯の子供より視聴する時間が長いことが研究によってわかりました。低所得世帯は、高所得世帯のようにスイミングや音楽などお金のかかる習い事にお金をかける余裕がないためかもしれません。しかし、ここで一番大事なのは「低年齢の子供はメディアを通して言語能力を習得することができるか」ということです。多くの親はテレビやビデオが子供の知的発育と言語能力の向上に役立つと信じているようです。研究の示すところでは、それらは子供の言語の発育を促進するけれども、それは親が、子供と一緒に視聴しながら、子供が理解できるように言葉を定義したり、質問したり、会話を促したりする場合に限られるということです。

1. 解答 D 10

Question : What is the purpose of this talk?

訳 質問：この講義の目的は何ですか。

選択肢

(A) To talk about children's favorite activities ✕子供の好きな活動ではない
(B) To report the reasons for watching television ✕言及なし
(C) To explain why television has a big influence ✕テレビの影響については述べていない
(D) To argue if media helps children learn language ○However 以下から正解

選択肢の訳

(A) 子供が好む活動について話すこと
(B) テレビを見る理由を報告すること
(C) テレビが大きな影響を持つ理由を説明すること
(D) 子供の言語習得にとってメディアが役立つかどうかを議論すること

解説 講義の目的を話している Today 以下と、However 以下（"can young children learn language skills from the media?"）から正解は (D)。

2. 解答 A 11

Question : What is the relationship between media viewing and family income?

訳 質問：メディア視聴と世帯収入の間にはどのような関係がありますか。

選択肢

(A) Children from lower income families watch more. ○Interestingly 以下から正解
(B) Children from higher income families watch more. ✕(A) の逆で誤り
(C) Children from lower income families do not watch TV. ✕→とは言っていない
(D) Children from higher income families do not watch TV. ✕→とは言っていない

選択肢の訳

(A) 低所得世帯の子供の方がより長時間見る。
(B) 高所得世帯の子供の方がより長時間見る。
(C) 低所得世帯の子供はテレビを見ない。
(D) 高所得世帯の子供はテレビを見ない。

解説 children from lower income families watched more than children from higher income families とあるので、低所得世帯の子供の方が高所得世帯の子供より多く視聴している。

3. 解答 B 12

Question： According to the talk, what do parents believe about media viewing?

訳 質問：この講義によると、メディア視聴について親はどのように信じていますか。

選択肢

(A) It disturbs children's thinking.	✕思考の妨害についての言及はない
(B) It improves children's intellectual abilities.	**○知的能力を高めると信じている**
(C) It entertains children.	✕子供を楽しませるかの言及はない
(D) It helps children develop social skills.	✕社会性についての言及はない

選択肢の訳

(A) メディア視聴は子供の思考を妨げる。
(B) メディア視聴は子供の知的能力を高める。
(C) メディア視聴は子供を楽しませる。
(D) メディア視聴は子供の社会的能力の向上に役立つ。

解説 Many parents seem to believe 以下にテレビやビデオは improve children's intellectual development and language skills とあるように、知的発育や言語能力の向上に役立つと思っている。

4. 解答 C 13

Question： What is the conclusion of the research about language learning through media viewing?

訳 質問：メディア視聴を通しての言語学習について、研究の結論はどのようなものですか。

選択肢

(A) Parents should limit time spent on watching TV.	✕時間制限について触れていない
(B) Language learning needs to be left to the media.	✕言及なし
(C) Parents need to intervene while children are watching TV.	**○最後の文より正解**
(D) Parents should read books to children instead.	✕言及なし

選択肢の訳

(A) 親はテレビ視聴の時間を制限すべきだ。
(B) 言語学習はメディアに任せる必要がある。
(C) 子供がテレビを見ているときは、親がそれに参加する必要がある。
(D) 親は、代わりに子供に本を読んでやるべきだ。

解説 最後の文より、研究によると、親が語彙を定義したり、子供に質問したり、一緒に会話したりして子供と一緒に視聴 (when parents mediate the viewing experience) すれば効果があると言っている。

傾向と解答手順

Section ❷ Structure and Written Expression

Structure

設問例

It was not until 1823 that ------- the Monroe Doctrine was enacted to oppose European interests in the Western region.

(A) the U.S. policy known as
(B) as the U.S. policy known
(C) knew as the U.S. policy
(D) to know the U.S. policy as

問題数

15問

形式

空欄のある文を読み、空欄に入れるのに適切な語句を選びます。

問われる内容

・仮定法
・接続詞
・関係代名詞
・分詞構文
・形容詞
・間接疑問文
・時制
・主語および動詞の一致

解答手順

1 文章を読み、空所に入る内容を予測する

まず、主語、動詞を見極める。挿入句がある場合はどこからどこまでか、また関係代名詞で修飾されている部分はどこか、何を修飾しているかを考え、主語と一致する動詞を見極める。主語が単数の場合、動詞もそれに対応する動詞になっているか、主語が過去のことを表す場合は、動詞も過去形、現在に至る内容の場合は、現在完了になっているかなど、文法規則に従って予測する。

2 選択肢に目を通す

選択肢から時々問われている文法事項がわかるので、それをヒントに正解を考える。

3 選択肢から空欄に入るものを選ぶ

選んだ選択肢を実際に空欄に入れ、全体として文法的に正しい構造となっているか判断する。

4 解答用紙にマークする

注意点

・時間配分に気をつけましょう。Structure は8分程度で終了し、Written Expression に進むとよいでしょう。

Section❷ Structure and Written Expression

Structure ミニ練習問題

1. The Andes mountain range in South America is the longest continuous mountain chain on Earth, ------- 4,500 miles.

(A) it spans

(B) but span

(C) which span

(D) spanning

2. Plants contain the chemical chlorophyll, which reacts with sunlight to create a simple sugar. Chlorophyll is also ------- gives plants their green color.

(A) why

(B) what

(C) that

(D) which

3. Doctors tell you to complete a full cycle of antibiotics when you're sick because stronger strains of bacteria can form if ------- not completely wiped out by your medicine.

(A) you are

(B) it is

(C) they are

(D) we are

解答・解説

1. 解答 D

訳 南米のアンデス山脈は、地球で一番長く、途切れなく続く山脈で、その距離は4,500マイルに及ぶ。

選択肢

(A) it spans	✕接続詞がない
(B) but span	✕カンマがあるので、but 以下に主語が必要／but では意味が通じない
(C) which span	✕spans と -s が必要
(D) spanning	○span が現在分詞になっていて正しい

解説

span は「～に及ぶ」という意味。主語 (The Andes mountain range in South America) と動詞 (is) があるので、カンマ以下は接続詞を用いて文をつなげるか、分詞構文の形にしなければならない。ここでは分詞構文の形になっている (D) が正解。

文法の確認

<分詞構文について>

分詞構文は接続詞で結ばれた文の接続詞と主語を省略して、動詞を分詞の形にした文のことをいう。

問題文を例に考えてみよう。まず、以下2つの文

The Andes mountain range in South America is the longest continuous mountain chain on Earth.
The Andes mountain range in South America spans 4,500 miles.

を接続詞 and でつなげて、1文にする。(2つの文をつなげるときは、and や but の前にカンマが必要)

The Andes mountain range in South America is the longest continuous mountain chain on Earth, and it spans 4,500 miles.

これを1つの文にするときは、まず接続詞 and を消し、次に主語 it は the Andes mountain range in South America を指すのでこれも消し、最後に動詞 spans を現在分詞 spanning に変える。

2. 解答 B

訳 植物には化学物質の葉緑素が含まれる。それが日光と反応して単糖を作る。また、葉緑素は植物を緑色にするものである。

選択肢

(A) why ✕whyの後には主語が必要だが、whyでは意味が通じない
(B) what **○関係代名詞 what に導かれて S+V+C の文になり正解**
(C) that ✕関係代名詞として使うなら先行詞（the thingなど）が必要
(D) which ✕関係代名詞として使うなら先行詞（the thingなど）が必要

解説

空欄のある文は、主語が Chlorophyll で動詞が is であるが、空欄の後にも gives と動詞があるので、gives の主語になるものが必要。that や which は先行詞（the thingなど）が必要だが、what は先行詞を含むので、先行詞はいらない。what 以下は補語となり、chlorophyll とイコールの関係になる。

文法の確認

<関係代名詞 what>

関係代名詞 what は他の関係代名詞と違って先行詞を必要としない。what は the thing(s) that [which] のように先行詞を含んだ関係代名詞で、「～すること［もの］」という意味になる。what が導く節は名詞節（主語・述語の関係にある語を含み、全体として1つの名詞と同じ働きをするもの）で、主語・補語・目的語の働きをする。

主　語の働き：What I like is reading books.
（私が好きなのは本を読むことです）
補　語の働き：This is what I need.
（これが私の必要なものです）
目的語の働き：I will do what I can do for you.
（あなたのために私ができることをします）

問題の Chlorophyll is also what gives plants their green color. は「葉緑素は植物を緑色にするものである」で補語の働きをしている。

3. 解答 C

訳 病気になると、医者は抗生物質を完全に飲みきるように指示する。それは、細菌株が薬で完全に一掃されていないと、もっと強力な細菌株が形成される恐れがあるからだ。

選択肢

(A) you are ✕wipe out される必要があるのは strains of bacteria
(B) it is ✕strains of bacteria を受けて、主語と動詞は複数形でなければいけない
(C) they are ○**strains of bacteria を受けて複数の形になっているので正解**
(D) we are ✕wipe out される必要があるのは strains of bacteria

解説

if 以下は主語と動詞がないので、その両方を含むものを入れる必要がある。not 以下から何が主語になるかを考えると、strains of bacteria である。これが薬で完全に一掃されていないと、stronger strains of bacteria が体内に形成されてしまうというのである。

文法の確認

<主語と動詞の一致>

動詞は主語と数が一致していなければならない。TOEFL ITP の問題では、主語を見極め、それに対して動詞（単数／複数）が一致しているかを問うものが多い。

特に気をつけたいのは、学問名（politics, economics, physicsなど）で、これは単数の動詞をとる。また、scissors, pants, glasses など一対で1つの製品は複数の動詞をとる。

また、each, every, everyone, everybody, anybody, anyone, anything, no one, nobody, somebody, someone, something などは単数扱い。

Every student was hard working.
（学生たちはみんな一生懸命勉強していた）
No one wants to go.
（誰も行きたいと思っていない）

ほかにも TOEFL でよく出題されるのは、名詞節、名詞句の形となった主語を見極めることで、これらは1つの概念を表しているので、動詞は単数。

Eating too much is not good for your health.
（食べすぎは健康に良くない）
Carrying heavy bags is bad for the shoulders.
（重い荷物は肩に悪い）

傾向と解答手順

Section ❷ Structure and Written Expression

Written Expression

設問例

Psychoanalysis, a method (A) of mental healthcare still largely (B) utility (C) by many therapists today, originated (D) with Sigmund Freud.

問題数

25問

形式

Written Expression では、書き言葉としての標準的な英文の中から、誤りを見つけ出す能力が試されます。それぞれの英文には下線を引かれた語や句が合計4つあり、そのうち1つは誤りとなっています。

問われる内容

・仮定法
・接続詞
・関係代名詞
・分詞構文
・数量形容詞
・間接疑問文
・時制
・主語および動詞の一致

ここでは、文法的誤りを見つけ出す能力、語の選択に関して誤りを見つけ出す能力、語順（例えば、動詞の位置、直接目的語・間接目的語の位置、副詞の位置）などに関して誤りを見つけ出す能力が問われます。

解答手順

1 文章を読む

まず、主語、動詞を見極める。挿入句がある場合はどこからどこまでか、また関係代名詞で修飾されている部分はどこか、何を修飾しているかを考え、主語と動詞が一致しているかなどを見極める。主語が単数の場合、動詞もそれに対応する動詞になっているか、主語が過去のことを表す場合は、動詞も過去形、現在に至る内容の場合は、現在完了になっているかなど、文法規則にかなっているか1つずつ確認していく。

2 選択肢を確認し、間違っている箇所を探す

間違いだと思われる選択肢を正しく直して、文法的に正しい文になるかどうか確認する。

3 解答用紙にマークする

注意点

・時間配分に気をつけましょう。Written Expression に使う時間の目安は15分程度です。見直しに多少の時間を残せるとよいでしょう。

Section ❷ Structure and Written Expression

Written Expression ミニ練習問題

1. Feed (A) sulforaphane-rich broccoli sprouts to lab rats exposed (B) to a carcinogen was shown (C) to reduce the size and number (D) of the rats' tumors.

2. There is few (A) oxygen in water, so animals that live underwater (B) need a system that allows (C) them to process (D) oxygen differently from land animals.

3. The Gettysburg Address was the great speech delivered (A) by President Abraham Lincoln in which (B) he demanded that all people are (C) considered equal. It was only about two minutes in length (D) but it touched many Americans' hearts.

解答・解説

1. 解答 **A** 正しい形 Feed ⟶ Feeding

訳 発がん物質にさらされている実験用ラットにスルフォラファンを豊富に含むブロッコリー・スプラウトを食べさせたところ、ラットの腫瘍の大きさと数が減少した。

選択肢

A ✕**feed は動詞で、主語を原形のまま使うことはできない**
B ○exposed to a carcinogen は lab rats を修飾している
C ○X was shown to do Y. という構造で正しい
D ○「大きさと数」という訳で正しい

解説

まず、動詞 was shown を見極める。(A) は Feeding と動名詞の形にしないと主語にできない。exposed to a carcinogen は lab rats を修飾している。the number of ～ で「～の数」だが、ここでは size の前に the があるので number の前の the は省略可能。

文法の確認

<動名詞>

動名詞は〈動詞の原形＋-ing〉の形で表され「動詞の要素を持った名詞」で、主語、補語、（動詞・前置詞の）目的語の働きをする。

主　語の働き：Going to bed early is important for your health.
（早寝は健康に重要だ）
補　語の働き：My favorite activity is playing soccer.
（私が好きなのはサッカーをすることだ）
目的語の働き：He has a problem of procrastinating his work.
（彼の問題は、仕事をすぐやらないことだ）

2. 解答 A 正しい形 few ⟶ little

訳 水中では酸素の量が少ないので、水中にすむ動物は酸素を取り込むために、陸上動物とは異なる生体機能を必要とする。

選択肢

A ✕ **few は数えられる名詞に使う**
B ○副詞で正しい
C ○先行詞は a system なので正しい
D ○to 不定詞（to+動詞の原形）で正しい

解説

(A) は little が正しい形。oxygen は数えられない名詞なので、few は使えない。underwater には形容詞（水面下の、水中の）、副詞（水面下に、水中に）としての意味があるが、ここでは副詞として使われている。that allows 以下は a system を修飾している。

文法の確認

<物質名詞>

oxygen（酸素）のような名詞は物質名詞という。物質名詞は液体（water, milk, tea, coffee など）、気体（air, gas, hydrogen など）、製品の原料（glass, iron, gold, wood など）、食料品（bread, butter, cheese, sugar, salt など）、天然現象（rain, snow, frost など）など具体的であっても、一定の形を備えていないものを指す。

物質名詞は量的なものを表す名詞なので、原則として不定冠詞（a, an）をとることも、複数形をとることもない。数量は、some, any, little（少ししかない）、a little（少しある）、much, a lot of, plenty of, a great deal of などを使う。数えられない名詞なので、many, few, a few などは用いない。

We had little snow yesterday.
（昨日は少し雪が降りました）
Can I have some water?
（お水をもらえますか）

3. 解答 C 正しい形 are ⟶ be

訳 ゲティスバーグ演説はエイブラハム・リンカーン大統領による偉大な演説であり、その中でリンカーンはすべての人民は平等でなければならないと訴えた。それはわずか約2分という長さだったが多くのアメリカ国民の琴線に触れたのだった。

選択肢

A ○speech を修飾
B ○in which は and in the speech の意味
C ×**demand に続く節は原形で be でなければならない**
D ○「長さが〜の」で正しい

解説

demand（要求する）の目的語となる that 節の中の動詞は、主節の時制が過去でも原形となる。delivered は that was delivered が短くなった形で、先行詞 speech を修飾している。in which 以下は in the speech he demanded ... という文の the speech を関係代名詞 which に置き換えている。

文法の確認

<仮定法現在>

要求・提案・依頼・希望などを表す動詞（ask, demand, request, desire, propose, suggest, require, insist, urge, move など）の目的語となる that 節の中で用いられる動詞は、主節の時制が過去であっても、原形にする。すなわち、これらの語に関しては時制の一致はない。

The teacher suggested that he go to the writing center and get advice.
（先生は彼にライティングセンターに行ってアドバイスしてもらうように提案した）
I insist that you be my guest for dinner.
（是非夕食にいらしてください）

傾向と解答手順

Section ❸ Reading Comprehension

設問例

Whales and dolphins have evolved a sophisticated sensory ability known as echolocation, which they use to navigate underwater, locate food and identify other individuals in dark murky waters. In echolocation, high-pitched sounds are sent out by the whale. These sounds are reflected or echoed back from the object being targeted by the whale. The whale then interprets these returning echoes to determine an object's distance, shape, direction, texture and travelling speed. …以下省略…

The word "interprets" in line 6 is closest in meaning to
(A) understands
(B) changes
(C) transfers
(D) sends back

問題数

50問：(パッセージ+10問) × 5セット

形式

パッセージを読み、内容についての設問に答えます。それぞれのパッセージの長さは250-350語程度です。

テーマ

社会学、政治学、経済学などの社会科学、文学、歴史学、人類学、地理学などの人文科学、生物学、化学、地球科学、宇宙科学などの自然科学、そして芸術、教育、メディア、農学、医学など、広範囲にわたって出題されています。社会科学や文学、歴史、芸術に関してはアメリカに関するものが圧倒的に多くなっています。
出題されるパッセージは大学の一般教養で学ぶような学問的な内容ですが、専門的な知識は必要ありません。しかし背景となる知識を持っていれば、それだけパッセージの内容は理解しやすいというのは事実です。

設問内容

・主題 (topic)、表題 (title)、主旨 (main idea) を問う問題
・詳細を問う問題 (事実認定問題、反事実認定問題)
・推測させる問題
・目的を問う問題
・結論に関する問題
・語彙に関する問題
・指示語 (it, this など) に関する問題
・パッセージの前後の内容を問う問題

解答手順

1 質問と選択肢に目を通し、問われるポイントを把握する

設問が10問あるので、選択肢を細かく読むことはせず、問われているポイントをつかむ程度にして、ここで時間をあまりかけないようにする。

2 パッセージを読む

3 質問に対する正しい答えを選ぶ

4 解答用紙にマークする

注意点

・問題用紙への書き込み (例えば解答に当たる部分に下線を引くなど) は禁止されています。そのような痕跡がある問題用紙、解答用紙は採点されなくなってしまうので気をつけましょう。
・時間配分に気をつけましょう。各パッセージの解答時間を10分程度とし、5分を全体の見直しに残せるとよいでしょう。

Section❸ Reading Comprehension

ミニ練習問題

More and more people have anxiety and stress-related disorders nowadays as people are under so much mental or emotional pressure. Long-term exposure to these psychological disorders affects the mind, body and behavior in many ways, leading to serious health and mental problems. When you are exposed to stress, the hormones in your body produce a fight-or-flight response, which tightens up your muscles. If this chronic stress response happens all the time, it causes headaches, and back, neck or shoulder pain. You may also feel irritable and lose your temper more easily, or have racing thoughts and worry constantly. Chronic stress also affects your memory, concentration on your work, and your ability to make judgments.

While you may find it difficult to control your stress, you can always control the way you respond to it by taking charge of your thoughts, emotions, schedule and problems. You need to learn how to calm and soothe yourself when you feel sad, angry, or overwhelmed by a situation. You may need to change your attitude and have a more positive outlook. No single method works for everyone since symptoms of stress can vary, so you can focus on what makes you feel calm and in control.

1. According to the passage, the following can be inferred as effects of stress EXCEPT

(A) difficulty in making decisions

(B) trouble with learning new things

(C) reduced work efficiency

(D) heartbreak in relationships

2. Which of the following is suggested as a way to control stress?

(A) Take a walk.

(B) Change your way of thinking.

(C) Go see a doctor for medication.

(D) Watch your diet.

解答・解説

訳　この時代、人々は心理的、情緒的に大きなプレッシャーを抱えているので、不安やストレス性の不調を訴える人がますます増えている。こうした精神的不調が長期間続くと、心や体、行動にさまざまな影響を及ぼし、やがては深刻な健康上、精神上の問題へと発展する。人はストレスにさらされると、体の中のホルモンが、それと闘うか、逃げるかのどちらかの反応を引き起こし、筋肉を緊張させる。この慢性的なストレス反応が常に起こるようになると、頭痛、腰痛、首痛、肩痛が生じる。また、いらいらしたり怒りっぽくなったり、考えがまとまらなかったり、いつも心配ばかりしてしまう。慢性的なストレスは記憶力、仕事への集中力、判断力にも影響を及ぼす。

自分のストレスをコントロールするのは難しいことだと思うかもしれないが、自分の考え、感情、スケジュール、問題点を把握することによって、ストレスに対処する方法を常にコントロールできる。悲しいとか、腹が立つとか、動転してしまったというとき、自分を落ち着かせ、慰める方法を知っている必要性がある。態度を変えてもっとポジティブに考えてみる必要があるかもしれない。ストレスの現れ方は人さまざまなので、万人に効く1つの方法があるわけではない。したがって、自分を落ち着かせコントロールできるものに着目するとよい。

1. 解答 D

訳 パッセージによると、次のうちストレスの影響ではないと推測できるものはどれか。

選択肢

(A) difficulty in making decisions — ○ ability to make judgments から正しい
(B) trouble with learning new things — ○ memory から正しい
(C) reduced work efficiency — ○ concentration on your work から正しい
(D) heartbreak in relationships — × **失恋に関しての言及はない**

選択肢の訳

(A) 意思決定が難しくなること
(B) 新しいことを学ぶのが困難になること
(C) 仕事の能率が落ちること
(D) 失恋すること

解説 第1パラグラフの第6文から (D) 以外、つまり (A)〜(C) はストレスが原因と考えられる。失恋がストレスの影響であると推測できる記述はないので、(D) が正解。

2. 解答 B

訳 次のうち、ストレスをコントロールする方法として示されているものはどれか。

選択肢

(A) Take a walk. — × 散歩に関しては述べられていない
(B) Change your way of thinking. — ○ **最後から2文目から正しい**
(C) Go see a doctor for medication. — × 医者に薬をもらいに行くことは書かれていない
(D) Watch your diet. — × 食生活についての言及はない

選択肢の訳

(A) 散歩する。
(B) 考え方を変える。
(C) 医者に診てもらって薬をもらう。
(D) 食事に気を配る。

解説 自分を落ち着かせ、慰める (calm and soothe yourself) ために、態度を変え、ポジティブに考えてみること (change your attitude and have a more positive outlook) が必要とあるので、(B) が正解。

TOEFL ITPテスト
模擬試験

Section 1

Listening Comprehension

Part A ディレクション

14

Part A

Directions: In the first part of the test, Part A, you will hear some short conversations. Each conversation is between two people. After each one, there will be a question about the conversation. You will hear these conversations and questions only once. After each question, please read the four possible answers in your test book. Then choose the best answer. Finally, find the number of the question on your answer sheet and fill in the space that corresponds to the letter of the correct answer.

Here is an example.
On the recording, you hear:
W : That jazz concert was really disappointing.
M : Yes, especially the final piece.
Question : What does the man mean?

In your test book, you read:
(A) The man and woman will not go to the concert.
(B) The man shares the woman's viewpoint.
(C) The final musical piece was the best.
(D) The concert featured special performers.

Sample Answer
(A) ● (C) (D)

You learn from the conversation that the woman did not like the concert and the man agrees. The best answer to the question "What does the man mean?" is (B), "The man shares the woman's viewpoint." Therefore, the correct choice is (B).

パートA

指示文：テストの最初にあるパートAでは、いくつかの短い会話が流れます。どの会話も2人の登場人物の間で行われます。それぞれの会話の後、その会話についての質問が流れます。会話と質問は1度しか流れません。質問を聞いた後、テストブックにある4つの選択肢を読みなさい。そして、最も適切な答えを選びなさい。最後に、解答用紙にある選択肢の番号で、正解に該当するもののマーク欄を塗りつぶしなさい。

それでは例題です。
音声では以下の部分が流れます。
女性：あのジャズコンサートには本当にがっかりしたわね。
男性：そうだね、特に最後の曲にはね。
質問：男性は何を意味していますか。

テストブックには以下の選択肢があります。
(A) 男性と女性はコンサートに行かないつもりだ。
(B) 男性は女性と見解を共有している。
(C) 最後の楽曲が最もよかった。
(D) コンサートには特別な演奏者が出演した。

会話から、女性はコンサートが気に入らず、男性も同意見であることがわかります。「男性は何を意味していますか」という質問に対して最も適切な答えは (B) の「男性は女性と見解を共有している」です。したがって、正しい選択肢は (B) です。

Part A 問 題

15 ~ 24

1. (A) Concert tickets.
   (B) A park.
   (C) A parking lot.
   (D) The office building.

2. (A) The world economy.
   (B) A paper.
   (C) Professor Smith's class.
   (D) The woman's job.

3. (A) A sandwich.
   (B) Their eating habits.
   (C) A cafeteria.
   (D) A bakery.

4. (A) Change her visa conditions.
   (B) Extend her visa.
   (C) Change to a student visa.
   (D) Get a job.

5. (A) Apply for a student allowance.
   (B) Wait for two weeks.
   (C) Apply for permanent residency.
   (D) Do nothing.

6. (A) Attendance.
(B) Lab reports.
(C) His grades.
(D) He has failed.

7. (A) B.
(B) A.
(C) C.
(D) F.

8. (A) 10 a.m.
(B) 4 p.m.
(C) 6 p.m.
(D) 5 p.m.

9. (A) Italy.
(B) France.
(C) Spain.
(D) Florida.

10. (A) A cheeseburger.
(B) A hamburger.
(C) A chicken burger.
(D) Nothing.

25 ~ 34

11. (A) No, he hasn't.
(B) Yes, he has.
(C) He can't remember.
(D) He gives blood all the time.

12. (A) Two times a week.
(B) Four times a week.
(C) Every day.
(D) Never.

13. (A) She doesn't trust the man.
(B) She wants to see the newspaper article.
(C) She is happy about the news.
(D) She doesn't believe the news.

14. (A) She didn't hear what the man said.
(B) She would like the man to repeat what he said.
(C) She disagrees with the man.
(D) She agrees with the man.

15. (A) He wants the woman to explain what she means.
(B) He wants the woman to repeat what she said.
(C) He disagrees with the woman.
(D) He agrees with the woman.

16. (A) He thinks she's the best student in the class.
(B) He thinks she will become distinguished.
(C) He doesn't think he's as good as Joan is.
(D) He doesn't think she'll pass with distinction.

17. (A) She doesn't like him.
(B) She really likes him.
(C) She doesn't know him.
(D) She likes Professor Olsen more than Professor Petty.

18. (A) She thought it was interesting and informative.
(B) She thought it was interesting but not informative.
(C) She thought it was informative but not interesting.
(D) She didn't think it was interesting or informative.

19. (A) Take Greek Philosophy and Basic Writing next term.
(B) Take Greek Philosophy this term and Basic Writing next term.
(C) Take Basic Writing and not Greek Philosophy.
(D) Not take either course.

20. (A) Go alone.
(B) Join a volunteer program.
(C) Get some work experience first.
(D) Not go.

35 ~ 44

21. (A) Send a letter.
(B) Visit a legal advisor.
(C) Take his landlord to court.
(D) Do nothing.

22. (A) That she can miss classes.
(B) That she has to attend every class.
(C) That she won't have to write papers.
(D) That she will have to write a paper for every class.

23. (A) That she always does reports at the last minute.
(B) That she writes reports quickly.
(C) That she might have forgotten about the report.
(D) That she usually finishes reports early.

24. (A) That everyone stays awake.
(B) That the course is boring.
(C) That everyone answers questions.
(D) That the course is early in the morning.

25. (A) Go tomorrow.
(B) Go quickly.
(C) Go another day.
(D) Go later in the day.

26. (A) Order food without meat.
(B) Order coffee.
(C) Go to a different restaurant.
(D) Go to the coffee shop.

27. (A) Share his neighbor's textbook.
(B) Go get his textbook at home.
(C) Buy another textbook.
(D) Use the woman's textbook.

28. (A) That the man needs to be evaluated fairly.
(B) That the man should have studied harder.
(C) That the man might fail the test.
(D) That they did study Nelson Mandela in class.

29. (A) That she enjoyed the first class.
(B) That the class was what she expected.
(C) That the professor was off-topic.
(D) That she will drop the course.

30. (A) Go back at lunchtime.
(B) Go back in the early morning.
(C) Wait in line.
(D) Wait till the weekend.

Part A 解答・解説

1. 解答 C 15

スクリプト

M：Oh no! I got another parking ticket. They really have to build a subsidized student parking lot.

W：I know. They put all this money into fancy offices for the lecturers, and we don't even have a place to park.

Question：What are the man and woman talking about?

訳 男性：あ、しまった！　また駐車違反の切符を切られちゃった。助成金で学生用の駐車場を絶対作るべきだよ。

女性：本当よね。お金を全部先生たちのおしゃれなオフィスに使っちゃって、私たちには駐車場さえないんだから。

質問：男性と女性は何について話していますか。

選択肢

(A) Concert tickets.
(B) A park.
(C) A parking lot.
(D) The office building.

選択肢の訳

(A) コンサートのチケット。
(B) 公園。
(C) 駐車場。
(D) オフィスの建物。

解説

ここでは parking がキーワード。parking ticket「(車に張りつける) 駐車違反カード」、parking lot「駐車場」が聞き取れれば、(A) や (B) が正解でないことがわかる。また、a place to park「車を駐車する場所」からも正解が (C) であることがわかる。a place to park は a parking lot と同義。

2. 解答 B 16

スクリプト

M：Have you finished that report on the world economy for Professor Smith's class?

W：Almost. I worked on it until midnight, and I just have a little more to add. How about you?

Question：What are the man and woman discussing?

訳 男性 ：スミス教授のクラスの世界経済に関するあのレポートは終わった？

女性 ：ほとんどね。真夜中まで書いていたから、あと少し付け加えるだけで終わるわ。あなたはどう？

質問 ：男性と女性は何を話していますか。

選択肢

(A) The world economy.
(B) A paper.
(C) Professor Smith's class.
(D) The woman's job.

選択肢の訳

(A) 世界経済。
(B) レポート。
(C) スミス教授のクラス。
(D) 女性の仕事。

解説

Have you finished ...?「～を終わらせた？」という最初の部分が聞き取れれば、話している内容は「終わらせなければいけないもの」、すなわち、that report であるとわかる。(B) の paper というのは (term) paper「(学期末に課される) レポート」のことで、report と同じ。したがって、(B) が正解。

3. 解答 C　17

スクリプト

W：The food in here is pretty disgusting. The lettuce is old and wilted, the bread is dry, and it has no flavor. I wish they'd open up a new eating establishment.

M：I agree completely. The sooner the better!

Question：What are the two people talking about?

訳　女性：ここの食べ物はかなりひどいわね。レタスは古くてしなびているし、パンは乾燥して味もないわ。新しい食堂をオープンしてくれればいいのに。

男性：ほんとに同感だよ。できるだけ早くね！

質問：2人は何について話していますか。

選択肢

(A) A sandwich.
(B) Their eating habits.
(C) A cafeteria.
(D) A bakery.

選択肢の訳

(A) サンドイッチ。
(B) 彼らの食習慣。
(C) カフェテリア。
(D) ベーカリー。

解説

最初の陳述文の主語は注意して聞こう。最初に The food in here と言っていることから、ここでは「ここの食べ物」について話している。つまり eating establishment、すなわち、(C) A cafeteria「(学校などの) 食堂」について話している。

4. 解答 D 18

スクリプト

W：I want to get a part-time job, but I'm on a student visa. Can you tell me what the rules are about that?

M：Sure. Do you have your passport with you? I need to check your visa conditions.

Question：What does the woman want to do?

訳 女性：パートタイムの仕事がしたいんですが、学生ビザなんです。このような場合、どんな規則があるのか教えてくれますか。

男性：もちろん。今パスポートを持っていますか。あなたのビザの条件を確認する必要があるので。

質問：女性は何をしたいのですか。

選択肢

(A) Change her visa conditions.
(B) Extend her visa.
(C) Change to a student visa.
(D) Get a job.

選択肢の訳

(A) 彼女のビザの条件を変更する。
(B) 彼女のビザを延長する。
(C) 学生ビザに変更する。
(D) 仕事を得る。

解説

女性が冒頭で I want to get a part-time job, ... と言っていることから (D) が正解。また、Can you tell me ～？というのは「～を教えてくれますか」というややくだけた言い方。

5. 解答 A 19

スクリプト

M： I come from Korea, but I have permanent residency now. Does that mean I'm eligible for a student allowance?

W： You could be. Why don't you fill out the application form and send it in? You usually only have to wait for two weeks.

Question： What does the woman recommend the man do?

訳 男性：私は韓国出身ですが、現在永住権を持っています。ということは学生生活補助金をもらう資格があるのでしょうか。

女性：もらえるかもしれませんね。申込書を書いて送ってみてはいかがですか。たいてい2週間も待てば結果がわかります。

質問：女性は男性に何をするように勧めていますか。

選択肢

(A) Apply for a student allowance.
(B) Wait for two weeks.
(C) Apply for permanent residency.
(D) Do nothing.

選択肢の訳

(A) 学生生活補助金の申し込みをする。
(B) 2週間待つ。
(C) 永住権を申請する。
(D) 何もしない。

解説

Why don't you ～? は「～したらどうですか」と「提案」を表す表現。ここでは student allowance「学生生活補助金」の the application form「申込書」に記入することを提案している。女性の発言中の You could be. というのは、You could be eligible for a student allowance. ということ。

6. 解答 A 20

スクリプト

M： I already missed four labs this term. How many can I miss without failing the course?

W： Let me see. You can only miss four, so you'll have to come to every one from now on, or you'll fail.

Question： What is the man's problem?

訳 男性：今学期、もう実験の授業を4回も欠席してしまいました。このコースを落とさないためには何回まで欠席できるんでしょうか。

女性：ちょっと見てみましょう。4回までしか欠席できませんから、これからすべての授業に出席する必要がありますよ。でなければ、このコースを落とすことになります。

質問：男性の問題は何ですか。

選択肢

(A) Attendance.

(B) Lab reports.

(C) His grades.

(D) He has failed.

選択肢の訳

(A) 出席回数。

(B) 実験のレポート。

(C) 彼の成績。

(D) 彼は単位を落とした。

解説

miss は miss class などという場合「授業を欠席する」という意味。男性は冒頭で「実験の授業を4回欠席した」と言っている。授業の欠席が問題になっているとわかるので、(A) が正解。もしこの意味がつかめなくても、女性が you'll have to come to every one from now on と言っていることからも (A) と推測できる。(D) は、「4回までは欠席できるが、それ以上だと単位を落とす」という内容に対し、男性が欠席したのは4回でまだ単位を落としていないため、不正解。

7. 解答 C 21

スクリプト

W：What grade do you think you got on the final term paper?

M：Well, I felt like I should get a B or even an A. I think I wrote it quite well, but, considering how strict Dr. Brown is, I probably got a C. I just hope I didn't get an F!

Question：What grade does the man think he will get?

訳 女性：期末のレポートの成績はどうだったと思う？

男性：うーん、B か A でもいいくらいだと思うね。僕はよく書けたと思うけど、ブラウン先生がいかに厳しいかを考えると、おそらく C だろうな。ただ F じゃないことだけを願うよ！

質問：男性はどの成績がつくと思っていますか。

選択肢

(A) B.

(B) A.

(C) C.

(D) F.

選択肢の訳

(A) B。

(B) A。

(C) C。

(D) F。

解説

男性は自分自身は I should get a B or even an A「B か A でもいいくらいだ」と評価しているが、I should get ... はここでは自分の希望する成績。実際はブラウン先生が厳しいことを考えて、I probably got a C と言っている。したがって、(C) が正解。

8. 解答 A 22

スクリプト

W：I'm really sorry I missed the class on Thursday. I had a minor operation in the morning, and the doctor said I wouldn't be able to drive for 6 hours. So, I had to stay downtown until 4 p.m. I wouldn't have made it back until around 5 p.m.

M：That's okay, but next time please schedule your operation for the afternoon.

Question：What time of day did the woman have an operation?

訳 女性：木曜日の授業を欠席して本当にすみません。午前中、ちょっとした手術をしたんです。医者が術後6時間は運転できないと言ったので、午後4時まで街にいなければならなかったんです。午後5時ごろまで帰れなかったと思います。

男性：大丈夫。でも今度は午後に手術を予定してくださいね。

質問：女性は何時に手術をしましたか。

選択肢

(A) 10 a.m.
(B) 4 p.m.
(C) 6 p.m.
(D) 5 p.m.

選択肢の訳

(A) 午前10時。
(B) 午後4時。
(C) 午後6時。
(D) 午後5時。

解説

女性は I had a minor operation in the morning と言っていることから、午前中になっている選択肢、(A) が正解。この部分を聞き逃したとしても、手術してから6時間後の午後4時まで街にいたということは、午前10時に手術したことになり、(A) が正解とわかる。

9. 解答 D 23

スクリプト

M： Mary, where are you going for summer vacation?

W： Well, I really wanted to go to Europe. I planned a trip to Italy, France, and Spain, but the tour company went bankrupt, and I lost my money. So I suppose I'll just go to Florida.

Question： Where is the woman going for her summer vacation?

訳 男性：メアリー、夏休みはどこに行くの？

女性：うーん、本当はヨーロッパに行きたかったの。イタリア、フランス、スペインに旅行する計画を立てていたんだけど、旅行会社が倒産して、私はお金を失っちゃったのよ。だから、たぶんフロリダにだけ行くわ。

質問：女性は夏の休暇にどこに行きますか。

選択肢

(A) Italy.
(B) France.
(C) Spain.
(D) Florida.

選択肢の訳

(A) イタリア。
(B) フランス。
(C) スペイン。
(D) フロリダ。

解説

女性は最後の文で、I'll just go to Florida と言っていることから正解は (D)。会話の中で女性は I really wanted to ... と言っているが、それは「願望」を表しているだけ。また I planned a trip to ... に続く but 以降から（イタリア、フランス、スペインに行く）計画は立てたが実現しなかったことが推測できるだろう。

10. 解答 C 24

スクリプト

M： I'll take a cheeseburger and small French fries, please. No, wait. Make that a chicken burger, with small fries.
W： Coming right up.

Question： What does the man want to eat?

訳 男性：チーズバーガーとフライドポテトのSをお願いします。いや、ちょっと待って。やっぱりチキンバーガーにしてください、フライドポテトのSと一緒にね。
女性：すぐにお持ちします。

質問：男性は何を食べたいのですか。

選択肢

(A) A cheeseburger.
(B) A hamburger.
(C) A chicken burger.
(D) Nothing.

選択肢の訳

(A) チーズバーガー。
(B) ハンバーガー。
(C) チキンバーガー。
(D) 何もいらない。

解説

男性は最初 cheeseburger を注文するが、No, wait. と言って a chicken burger と言い直している。ちなみに I'll take ～ は店で注文をするときに使われる表現で「～をお願いします」の意。また French fries は「フライドポテト」のこと。

11. 解答 B 25

スクリプト

W：Have you ever given blood before?

M：No, I haven't. Hang on a minute. I did one time. I forgot about that.

Question：Has the man given blood before?

訳 女性：今までに献血したことある？

男性：ううん、ない。あっ、ちょっと待って。1回あるな。忘れていた。

質問：男性は以前に献血したことがありますか。

選択肢

(A) No, he hasn't.
(B) Yes, he has.
(C) He can't remember.
(D) He gives blood all the time.

選択肢の訳

(A) いいえ、ありません。
(B) はい、あります。
(C) 彼は覚えていない。
(D) 彼はいつも献血している。

解説

最初 No, I haven't. と言うが、Hang on a minute.（＝Wait a minute.）の後、I did one time. と言っていることから、男性は献血した経験がある。したがって、(B) が正解。最後の I forgot about that. に惑わされて、(C) を選ばないように。「（献血した経験があるかどうか）覚えていない」のではなく、献血を1回したことがあるのを忘れていたのである。

12. 解答 B 26

スクリプト

W：You seem to know this library well. How often do you come here?

M：I guess about two times a week. No, actually, it's more like four at the moment. I feel like I'm in here every day!

Question：How often does the man go to the library?

訳 女性：この図書館のことよく知っているみたいね。ここによく来るの？

男性：週に2回くらいかな。いや、実際はこのところ4回くらいは来ているな。毎日ここにいるような気がするよ！

質問：男性はどのくらい頻繁に図書館に行きますか。

選択肢

(A) Two times a week.
(B) Four times a week.
(C) Every day.
(D) Never.

選択肢の訳

(A) 週2回。
(B) 週4回。
(C) 毎日。
(D) 全く行かない。

解説

男性は最初 about two times a week と言うが、No, actually, と続けて、it's more like four at the moment「このところ4回くらいは来ている」と答えていることから、(B) が正解。I feel like I'm in here every day!「毎日ここにいるような気がするよ！」という文につられて (C) を選ばないように。

13. 解答 D　27

スクリプト

M : I read in the paper this morning that the new government is going to give extra funding, and tuition fees will be decreased by half.

W : I'll believe that when I see it.

Question : What does the woman mean?

訳　男性：新しい政府が特別補助金を出すから授業料が半額になるって、今朝の新聞で読んだよ。

女性：本当にそうなったら信じるわ。

質問：女性は何を意味していますか。

選択肢

(A) She doesn't trust the man.
(B) She wants to see the newspaper article.
(C) She is happy about the news.
(D) She doesn't believe the news.

選択肢の訳

(A) 彼女はこの男性を信頼していない。
(B) 彼女はその新聞記事を見たがっている。
(C) 彼女はそのニュースを聞いてうれしい。
(D) 彼女はそのニュースを信じていない。

解説

女性は「実際に授業料が半額になったのを目にしたら信じる」と言っているので、実際はその記事を信じていないことを意味している。一種の皮肉な言い方で、「そんなこと言っても当てにならない」というニュアンスがある。正解は (D)。

14. 解答 D 28

スクリプト

M : I'm glad I studied so hard for that test. It was really difficult.
W : You can say that again.

Question : What does the woman mean?

訳 男性 : あのテストのために一生懸命勉強しておいてよかったよ。本当に難しかったよな。
女性 : 本当にそのとおりね。

質問 : 女性は何を意味していますか。

選択肢

(A) She didn't hear what the man said.
(B) She would like the man to repeat what he said.
(C) She disagrees with the man.
(D) She agrees with the man.

選択肢の訳

(A) 彼女は男性が何と言ったか聞こえなかった。
(B) 彼女は男性が言ったことを繰り返してほしいと思っている。
(C) 彼女は男性の意見に反対である。
(D) 彼女は男性の意見に賛成である。

解説

You can say that again. というのは相手の言ったことに同意するときに使われる慣用表現で「全くそのとおりだ」(I completely agree with you.) と同じ。したがって、正解は (D)。この表現はこのまま覚えておこう。

15. 解答 D　29

スクリプト

W： I go into the careers office every day, but there's never anything I want there. Just a whole lot of menial jobs.

M： Tell me about it.

Question： What does the man mean?

訳　女性：キャリアセンターに毎日行っているけど、したい仕事がそこにあったことはないわね。単調な仕事ばかり山ほどあるのよ。

男性：本当だね。

質問：男性は何を意味していますか。

選択肢

(A) He wants the woman to explain what she means.
(B) He wants the woman to repeat what she said.
(C) He disagrees with the woman.
(D) He agrees with the woman.

選択肢の訳

(A) 彼は女性が意味していることを説明してほしいと思っている。
(B) 彼は女性が言ったことを繰り返してほしいと思っている。
(C) 彼は女性の意見に反対である。
(D) 彼は女性の意見に賛成である。

解説

Tell me about it. というのは「そんなこと言われなくてもわかっている、言うまでもない」という意味で、「全くそのとおりだ」と相手に同意するときに使われる慣用表現。したがって、(D) が正解。この表現はこのまま丸ごと覚えておこう。

16. 解答 D 30

スクリプト

W : Joan is by far the best student in the class. She always goes to class, sits right at the front of the lecture theater and gets "A"s for all her assignments. I bet she'll pass with distinction.

M : Well, I wouldn't go that far.

Question : How does the man feel about Joan?

訳 女性 : ジョーンはクラスでずば抜けてトップの学生ね。授業には必ず出席して、階段教室の最前列に座って、宿題は全部 A だもの。彼女は絶対優秀な成績を取ると思うわ。

男性 : それはどうかなあ。

質問 : 男性はジョーンのことをどのように思っていますか。

選択肢

(A) He thinks she's the best student in the class.
(B) He thinks she will become distinguished.
(C) He doesn't think he's as good as Joan is.
(D) He doesn't think she'll pass with distinction.

選択肢の訳

(A) 彼は彼女をクラスで最も優れた学生だと思っている。
(B) 彼は彼女が優秀になると思っている。
(C) 彼は自分がジョーンほど優秀だとは思っていない。
(D) 彼は彼女が優秀な成績を取るとは思っていない。

解説

男性の I wouldn't go that far は、女性の she'll pass with distinction「彼女は優秀な成績を取る」とまでは思わないということ。したがって、(D) が正解。go that far は「度が過ぎる」という意味。I bet ～ というのは「きっと～だと思う」という強い主張を表す表現。

17. 解答 B (31)

スクリプト

M：Professor Olsen is away on a sabbatical for the semester, so Professor Petty is going to teach his courses until he gets back.

W：Oh, great!

Question：How does the woman feel about Professor Petty?

訳 男性：オルセン教授は在外研究で今学期はいないから、教授が戻ってくるまでペティ教授がコースを教えるんだ。

女性：やったー！

質問：女性はペティ教授のことをどのように思っていますか。

選択肢

(A) She doesn't like him.
(B) She really likes him.
(C) She doesn't know him.
(D) She likes Professor Olsen more than Professor Petty.

選択肢の訳

(A) 彼女は彼が好きではない。
(B) 彼女は本当に彼が好きである。
(C) 彼女は彼を知らない。
(D) 彼女はペティ教授よりもオルセン教授が好きである。

解説

女性は Oh, great!「やったー！」と言って喜びを表しているので、(B) が正解と判断できる。

18. 解答 B 32

スクリプト

M： I really enjoyed the talk about vocabulary. I thought it was really interesting and informative. How about you?

W： Well, it was an interesting topic, but I don't think the professor knows enough about it.

Question： How does the woman feel about the talk?

訳 男性：ボキャブラリーについての講義、とてもよかった。すごく面白くて、ためになったよ。君はどう思った？

女性：うーん、面白いトピックだったけど、教授がそれについてよく知っているとは思えないわ。

質問：女性は講義についてどのように思っていますか。

選択肢

(A) She thought it was interesting and informative.
(B) She thought it was interesting but not informative.
(C) She thought it was informative but not interesting.
(D) She didn't think it was interesting or informative.

選択肢の訳

(A) 面白くて、ためになった。
(B) 面白かったが、ためにはならなかった。
(C) ためになったが、面白くはなかった。
(D) 面白くなく、ためにもならなかった。

解説

男性が I thought it was really interesting and informative. と言っているのに対して、女性は it was an interesting topic, but ... と言っていることから、but 以下は男性が言った informative を否定する文が続くと推測できる。正解は (B)。ちなみに女性は I don't think the professor knows enough about it と言っているが、よく知らなければ、informative な講義はできない。つまりここでは「informative ではない」と言っている。

19. 解答 B 33

スクリプト

W：I really want to take Greek Philosophy, but it's held at the same time as Basic Writing, and that's a required course, so I can't.

M：Basic Writing is offered every semester. Why don't you take Greek Philosophy this semester and leave Basic Writing for next semester?

Question：What does the man suggest that the woman do?

訳 女性：ギリシャ哲学をとても取りたいんだけど、基礎ライティングと同じ時間で、それは必修コースなの。だから取れないわ。

男性：基礎ライティングは毎学期あるよ。今学期ギリシャ哲学を取って、来学期に基礎ライティングを取れば？

質問：男性は女性に何をするように提案していますか。

選択肢

(A) Take Greek Philosophy and Basic Writing next term.
(B) Take Greek Philosophy this term and Basic Writing next term.
(C) Take Basic Writing and not Greek Philosophy.
(D) Not take either course.

選択肢の訳

(A) ギリシャ哲学と基礎ライティングを次の学期に取る。
(B) 今学期はギリシャ哲学を取り、次の学期に基礎ライティングを取る。
(C) ギリシャ哲学ではなく、基礎ライティングを取る。
(D) どちらのコースも取らない。

解説

聞き取りの決め手は、提案を表す Why don't you ... 以下。take Greek Philosophy this semester と leave Basic Writing for next semester から (B) が正解。またこの部分を聞き逃しても、最初の発言の Basic Writing is offered every semester. が聞き取れれば、基礎ライティングは今回受講できなくてもまた受講する機会があるので、ギリシャ哲学を今学期は履修する提案であることが論理的に推測できるだろう。

20. 解答 B 34

スクリプト

W : I really want to take a semester off and go traveling through Africa, but of course my father won't let me. He thinks it's dangerous.

M : I'd have to agree with him. Instead of going alone, why not join a volunteer program? That way it'll be safer, and you can get some work experience.

Question : What does the man suggest that the woman do?

訳 女性 ： 1学期休んでアフリカをどうしても旅行したいわ。でも父はもちろん行かせてくれないわね。父はそれは危険だと思っているのよ。

男性 ： それは僕もお父さんと同意見だな。1人で行かないで、ボランティアプログラムに参加したら？　それだったらもっと安全だし、仕事の経験にもなるよ。

質問 ： 男性は女性に何をするように提案していますか。

選択肢

(A) Go alone.
(B) Join a volunteer program.
(C) Get some work experience first.
(D) Not go.

選択肢の訳

(A) 1人で行く。
(B) ボランティアプログラムに参加する。
(C) まず仕事の経験を積む。
(D) 行かない。

解説

〈Why not＋動詞の原形～？〉は提案を表す表現。〈Why don't you＋動詞の原形～？〉と同じ意味。「a volunteer program に参加したら？」から (B) が正解。(C) の work experience はボランティアに参加することで得られること。instead of ～ing は「～する代わりに」の意。

21. 解答 B 35

スクリプト

M：We cleaned our apartment when we moved out, but the landlord won't give our deposit back. I've sent her two letters, but she hasn't replied.

W：I would go to the university legal advisors. They'll tell you what your rights are, and they'll even help you to take your landlord to court if it comes to that.

Question：What does the woman suggest the man do?

訳 男性：引っ越して出たときにアパートを掃除したんだけど、家主が敷金を返してくれないんだ。彼女に2通手紙を出しているのに、返事がないんだよ。

女性：私なら大学の法律専門家のところに行くわ。あなたにどんな権利があるのか教えてくれるわ。もし家主を訴えることになれば、手伝ってくれさえするのよ。

質問：女性は男性に何をするように提案していますか。

選択肢

(A) Send a letter.
(B) Visit a legal advisor.
(C) Take his landlord to court.
(D) Do nothing.

選択肢の訳

(A) 手紙を送る。
(B) 法律専門家を訪れる。
(C) 家主を訴える。
(D) 何もしない。

解説

女性の I would ... は「私なら～する」という意味であるが、ここでは相手への提案として使われている。I would go to the university legal advisors if I were you. の if 以下「私だったら」が省略されている仮定法の文である。

22. 解答 A 36

スクリプト

M： So 50% of your grade will be for the term paper, and the other 50% will be for the two short essays. I will announce the deadlines in class. And, you should try to come at least once a week.
W： You mean we don't have to come to every class?

Question： What does the woman assume about the course?

訳 男性：つまり成績の50%は学期末のレポートで、残りの50%は短いエッセー2つで決めます。期限は授業で発表します。それから、1週間に少なくとも1回は授業に出席してください。
女性：毎回授業に出席しなくてもいいということですか。

質問：女性はこの授業についてどのように考えていますか。

選択肢

(A) That she can miss classes.
(B) That she has to attend every class.
(C) That she won't have to write papers.
(D) That she will have to write a paper for every class.

選択肢の訳

(A) 授業を欠席してもよい。
(B) すべての授業に出席しなければいけない。
(C) レポートを書かなくてよい。
(D) 授業の度にレポートを書かなければいけない。

解説

男性が授業に関して you should try to come at least once a week と言ったのに対し、女性は You mean we don't have to come to every class? と質問しているのは、彼女がそのように（毎回授業に来なくてもよい＝授業を欠席してもよい）解釈したからである。したがって、正解は (A)。

23. 解答 C 37

スクリプト

W： I'm feeling great! I got to bed early for a change. I had a good night's sleep, and I didn't even need an alarm to wake me up this morning.

M： I hope you didn't forget about the final report due today!

Question： What did the man assume about the woman?

訳 女性：気分は最高！　気分を変えて夜早く寝たの。よく眠れて、今朝は目覚まし時計なしでも起きられたわ。

男性：今日締め切りの最終レポートのことは忘れてないよね？

質問：男性は女性についてどのように考えていましたか。

選択肢

(A) That she always does reports at the last minute.

(B) That she writes reports quickly.

(C) That she might have forgotten about the report.

(D) That she usually finishes reports early.

選択肢の訳

(A) 彼女は常にぎりぎりになってレポートを書く。

(B) 彼女はすばやくレポートを書き上げる。

(C) 彼女はレポートのことを忘れてしまったかもしれない。

(D) 彼女は通常早めにレポートを終わらせる。

解説

I hope you didn't ～ は、これを言った本人の願望というよりも、相手に念を押すようなニュアンスがある（I hope you didn't do it.「そんなことしてないよね」）。男性は女性がレポートを書き忘れているかもしれないと思ったのだから、正解は (C)。

24. 解答 B 38

スクリプト

M： Mr. Johns always asks questions, but everyone just stares at him. No one ever puts up their hand, and yet he keeps asking questions week after week.

W： You mean you manage to stay awake through his class?

Question： What did the woman assume about the course?

訳 男性：ジョーンズ先生はいつも質問するんだけど、みんなはじっと先生を見ているだけなんだ。誰も決して手を挙げないのに、それでも毎週、質問し続けるんだ。

女性：あなたは彼の授業、起きていられるというわけ？

質問：女性はこの授業についてどのように考えていましたか。

選択肢

(A) That everyone stays awake.
(B) That the course is boring.
(C) That everyone answers questions.
(D) That the course is early in the morning.

選択肢の訳

(A) みんな起きている。
(B) 退屈な授業である。
(C) みんな質問に答える。
(D) 授業は朝早く行われる。

解説

manage to *do* は「何とか～してのける」、manage to stay awake で「何とか起きている」の意。女性は、誰もジョーンズ先生の質問に答えず、授業に積極的に参加しないのなら、起きているのは大変な授業、すなわち (B)「退屈な授業である」と思ったと考えられる。

25. 解答 C 39

スクリプト

M : Excuse me, can you tell me how to get to the registration office, please?

W : Sure, go down that corridor over there until you get to the third set of elevators, go up to the fourth floor and turn left. It's the second door on the right. It's closed today and tomorrow, though.

Question : What will the man probably do?

訳 男性 : すみません、登録課にはどうやって行ったらいいのか教えてもらえますか。

女性 : もちろん、そこにあるあの廊下をまっすぐに3台目のエレベーターまで行ってください。それで4階に上がって、それから左に曲がってください。登録課は右側の2つ目のドアです。でも、今日と明日は閉まっています。

質問 : 男性はおそらくどうしますか。

選択肢

(A) Go tomorrow.
(B) Go quickly.
(C) Go another day.
(D) Go later in the day.

選択肢の訳

(A) 明日行く。
(B) 急いで行く。
(C) 別の日に行く。
(D) 後で今日中に行く。

解説

ここでは女性が最後に言っている It's closed today and tomorrow が聞き取りのポイント。複雑な道案内の後、一番重要な最後の部分を聞き落とさないようにしたい。Can you tell me ～? というのは、人に何かを教えてもらうときに使われるくだけた表現。

26. 解答 C 40

スクリプト

W：I'm a vegetarian. What do you have without meat?

M：I'm afraid we don't have anything without meat. But I can recommend the restaurant across the street, next to the coffee shop. It's really popular for vegetarians.

Question：What will the woman probably do?

訳　女性：私はベジタリアンです。肉が入っていない料理はどんなものがありますか。

男性：申し訳ないのですが、肉の入っていない料理は用意しておりません。でも通りの向かいにある喫茶店の隣のレストランは推薦できますよ。ベジタリアンの方にとても人気があるんです。

質問：女性はおそらくどうしますか。

選択肢

(A) Order food without meat.
(B) Order coffee.
(C) Go to a different restaurant.
(D) Go to the coffee shop.

選択肢の訳

(A) 肉の入っていない食べ物を注文する。
(B) コーヒーを注文する。
(C) 別のレストランに行く。
(D) 喫茶店に行く。

解説

ここでは男性の the restaurant across the street と It's really popular for vegetarians. の部分が聞き取れることがポイント。女性はベジタリアンだが、この店には肉が入っていない料理がないと言われる。向かいにあるベジタリアンのためのレストランが人気があると聞けば、おそらくそこへ行くと考えられる。男性の発言中の next to the coffee shop に惑わされないように。

27. 解答 D 41

スクリプト

W : So basically, the human personality is made up of three parts: knowledge, consciousness, and feelings. You can see a detailed explanation of these three parts in the table on page 77 of your textbook.

M : I'm sorry, Dr. Stevens, I forgot my textbook at home.

W : I have an extra copy of the textbook.

Question : What will the woman probably tell the man to do?

訳 女性 ： つまり基本的に人間の性格というのは3つの部分でできていると言えます。知識、意識、そして感情です。これら3つの部分についての詳しい説明は、テキスト77ページの表で見られます。

男性 ： すみません、スティーブンズ先生、テキストを家に忘れてきてしまいました。

女性 ： 私がもう1冊テキストを持っています。

質問 ： 女性は男性におそらく何をするように言いますか。

選択肢

(A) Share his neighbor's textbook.
(B) Go get his textbook at home.
(C) Buy another textbook.
(D) Use the woman's textbook.

選択肢の訳

(A) 隣の人にテキストを見せてもらう。
(B) 家にテキストを取りに行く。
(C) もう1冊テキストを買う。
(D) 女性のテキストを使う。

解説

女性は「もう1冊テキストを持っています」と言っているので、それを使うように男性に勧めると考えられる。したがって、正解は (D)。

28. 解答 C 42

スクリプト

M： I really hope I pass that test. I mean, how were we supposed to know all that stuff about Nelson Mandela? We didn't even study him in class.

W： You can always contest your grade.

Question： What does the woman think about the man?

訳 男性：あのテスト、本当に受かればいいんだけど。というか、ネルソン・マンデラに関するあの全てのことを知らなければいけなかったなんてあり得る？授業でだって彼のこと勉強しなかったんだよ。

女性：成績についていつでも異議を申し立てることができるわよ。

質問：女性は男性のことをどのように思っていますか。

選択肢

(A) That the man needs to be evaluated fairly.

(B) That the man should have studied harder.

(C) That the man might fail the test.

(D) That they did study Nelson Mandela in class.

選択肢の訳

(A) 男性は公平に評価される必要がある。

(B) 男性はもっと勉強すべきだった。

(C) 男性は試験に落ちるかもしれない。

(D) ネルソン・マンデラについては確かに授業で勉強した。

解説

男性は冒頭で I really hope I pass that test. と言っているが、これには I may fail that test.「もしかしたら試験に落ちるかもしれない」という気持ちが隠れている。女性は You can always contest your grade. と答えているが、そのように言うのは (C)「男性は試験に落ちるかもしれない」と思っているからである。そう思わなければ、例えば、You'll be all right. などと言っただろう。男性の発言中の how were we supposed to know ～? と発話が過去形になっているのは、all that stuff about Nelson Mandela については試験までにわかっていなければならないことになっていた内容だから。

29. 解答 D (43)

スクリプト

M：How did you like the first class?

W：Theology? I thought it was a geology class. Oh well, I've registered for too many classes this term anyway.

Question：What does the woman imply?

訳 男性：最初の授業、どうだった？

女性：神学？　私は地質学の授業だと思っていたのよ。でもいいわ、どっちみち今学期はたくさん授業を登録しすぎたから。

質問：女性は暗に何を言っていますか。

選択肢

(A) That she enjoyed the first class.
(B) That the class was what she expected.
(C) That the professor was off-topic.
(D) That she will drop the course.

選択肢の訳

(A) 彼女は最初の授業を楽しんだ。
(B) 授業は彼女の期待したとおりのものだった。
(C) 教授の話はテーマからずれていた。
(D) 彼女はこの授業の履修を取り消すつもりだ。

解説

女性は I've registered for too many classes と言っていて、おまけに theology を geology と間違えて登録したのであるから、おそらくこの授業を取るのをやめるだろう。register for ～ で「～のクラスを登録する」。drop は「～の履修をやめる」こと。

30. 解答 B 44

スクリプト

W： I have class in 10 minutes. Can you please tell me what time of day the library is the quietest?

M： Well, it's always really busy right through lunchtime. From 2 o'clock it gets quieter, but the quietest time is in the morning from 9 o'clock until about 11, actually around this time.

Question： What will the woman probably do?

訳 女性：あと10分で授業なんです。図書館が1日で一番空いている時間は何時か教えてくれますか。

男性：そうですね、お昼ごろまではいつもかなり混んでいますよ。2時から徐々に空いてきますが、一番空いているのは午前中の9時から11時ごろまで、ちょうど今ごろですね。

質問：女性はおそらくどうしますか。

選択肢

(A) Go back at lunchtime.
(B) Go back in the early morning.
(C) Wait in line.
(D) Wait till the weekend.

選択肢の訳

(A) 昼食時にまた行く。
(B) 早朝にまた行く。
(C) 並んで待つ。
(D) 週末まで待つ。

解説

女性は男性から the quietest の時間が、from 9 o'clock until about 11, actually around this time であると聞き出す。したがって、この会話が行われたのはおそらく午前11時前後である。女性は最初に I have class in 10 minutes. と言っており、今は時間がないので、日を改めて朝早く図書館に行く必要がある。したがって、(B) が正解。ちなみに quiet は、ここでは not busy「混んでいない」の意。

Section 1

Listening Comprehension

Part B ディレクション

45

Part B

Directions: In Part B, you will be listening to longer conversations. After each conversation, you will listen to several questions. You will hear these conversations and questions only once.

After listening to each question, read the four possible answers in your test book. Then choose the best answer. Finally, find the number of the question on your answer sheet and fill in the space that corresponds to the letter of the correct answer.

Remember that taking notes or writing in your test book is not allowed.

パートB

指示文：パートBでは、長い会話が流れます。それぞれの会話の後、質問がいくつか流れます。会話と質問は1度しか流れません。

質問を聞いた後、テストブックにある4つの選択肢を読みなさい。そして、最も適切な答えを選びなさい。最後に、解答用紙にある選択肢の番号で、正解に該当するもののマーク欄を塗りつぶしなさい。

メモを取ったりテストブックに書き込みをしたりしてはいけないことに注意してください。

Part B 問題

46 ～ 55

31. (A) To get a prospectus.
(B) To register for courses.
(C) To ask about course requirements.
(D) To apply for a course in a different department.

32. (A) Because she is too late for some other courses.
(B) Because she hasn't done the prerequisites.
(C) Because she doesn't have enough credits.
(D) Because she is doing a double major.

33. (A) 1.
(B) 2.
(C) 3.
(D) 4.

34. (A) The student knows which courses to take.
(B) The student hasn't read the prospectus.
(C) The student is not very clever.
(D) The student is a freshman.

35. (A) The freshman orientation party.
(B) How to clean a room.
(C) Rosanne's untidiness.
(D) Getting a single room.

36. (A) Insulting Rosanne.
(B) Cleaning up the room.
(C) Requesting a single room.
(D) Telling Rosanne about the dishes first.

37. (A) That they don't like Rosanne.
(B) That they like to live cleanly.
(C) That they are freshmen.
(D) That they share a room.

38. (A) Forget about it.
(B) Talk to Rosanne.
(C) Clean up the room.
(D) Move to another room.

Part B 解答・解説

Questions 31-34 46

スクリプト

Listen to an advisor explain about courses and credits.

W (Student) : I read the prospectus, but I'm still a little confused about which courses I should take. It mentions there are compulsory courses for each major, elective courses, and we have some free credits too, but I'm not sure which compulsory courses I should take, how many optional courses I need, and which courses I can take for my free credits. Can you explain it to me, please?

M (Advisor) : Sure, I can help you with that. That's what I'm here for. What's your major?

W : Well, I'm thinking of doing a double major in Business and Psychology.

M : Oh, if you're going to do a double major, you may not have any free credits. Let's take a look .... You will need to take Introduction to Macro-Economics, Introduction to Micro-Economics, and Introduction to Accounting. Those are the compulsory courses for the first year of a Business major ... and ... for the Psychology major, you need to take Introduction to Psychology and Introductory Human Biology. That's 5 compulsory courses, and then you can choose 3 more courses. You need to take at least one first year elective course for each major. Be careful, though, some of the electives are prerequisites for second year electives, so what you take this year may limit what you can take next year.

W : Oh, so I've got 5 compulsory courses and 2 electives. And then the final course can either be another elective or a course in a different department?

M : Yes, that's right.

W : Are all courses open to all students?

M : No, I'm afraid you need to apply to the department and wait for confirmation. As classes are starting tomorrow, you'd better go to the department office and ask them directly.

訳
科目と単位についてアドバイザーが説明するのを聞きなさい。

女性（学生）：履修案内を読んだのですが、どの科目を取ったらいいかまだ少し戸惑っているんです。各専攻に必修科目と選択科目があって、自由に履修できる単位もあると書いてあります。でもどの必修科目を取ったらいいのか、必要な選択科目はいくつなのか、自由に履修できる単位はどの科目なのか、よくわからないんです。説明してもらえますか。

男性（アドバイザー）：もちろん、お手伝いしますよ。そのために私がここにいるんですからね。専攻は何ですか。

女性：ええと、ビジネスと心理学の2つを専攻しようと思っています。

男性：あー、もし2つ専攻するなら、自由に履修できる単位はないかもしれませんね。ちょっと見てみましょう…。マクロ経済学入門、ミクロ経済学入門、そして会計学入門を取らないといけませんね。これらはビジネス専攻の1年次必修科目です…それと…心理学専攻には心理学入門、人間生物学入門を取らなくてはいけません。これが必修5科目で、もう3科目、選べます。各専攻の1年次の選択科目を少なくとも1つは取らなければなりません。でも気をつけてくださいね。選択科目のいくつかは、2年次の選択科目を受ける前に取っておくべき必須科目ですからね。ですから今年取る科目によって来年取れる科目が限られてしまうかもしれませんよ。

女性：えーと、では必修科目5つと選択科目2つですね。それで、最後の科目は選択科目でも他の学部の科目でもいいんですか。

男性：はい、そうです。

女性：すべての科目はどの学生でも受講できるんですか。

男性：いいえ、各学部に申し込んで、確認を待たなければなりません。明日から授業が始まりますから、直接学部のオフィスに行って尋ねたほうがいいでしょう。

31. 解答 C 47

Question： Why did the student go to see the advisor?

訳 質問：学生はなぜアドバイザーのところに行ったのですか。

選択肢

(A) To get a prospectus.
(B) To register for courses.
(C) To ask about course requirements.
(D) To apply for a course in a different department.

選択肢の訳

(A) 履修案内を手に入れるため。
(B) 科目を登録するため。
(C) 科目の履修について質問するため。
(D) 他学部の科目を申し込むため。

解説 選択肢を見ると、質問は「何のために～?」といった内容であることが予測できる。学生は冒頭で I'm still a little confused about which courses I should take と言っており、その後に続く内容から (C) が正解。

32. 解答 D 48

Question： Why does the student have to take 5 compulsory courses?

訳 質問：なぜ学生は5つの必修科目を取らなければいけないのですか。

選択肢

(A) Because she is too late for some other courses.
(B) Because she hasn't done the prerequisites.
(C) Because she doesn't have enough credits.
(D) Because she is doing a double major.

選択肢の訳

(A) 他のいくつかの科目を取るには遅すぎるため。
(B) 事前に取っておくべき必須科目を取っていなかったため。
(C) 十分な単位を取っていないため。
(D) 専攻を2つ持っているため。

解説 5つの必修科目を取らなければならない理由は、学生が2つ専攻するためである。ビジネス専攻は3つ、心理学専攻は2つが必修科目になっている。したがって、正解は (D)。

33. 解答 C 49

Question : How many electives can the student take?

訳 質問：学生はいくつ選択科目を取れますか。

選択肢	選択肢の訳
(A) 1.	(A) 1つ。
(B) 2.	(B) 2つ。
(C) 3.	(C) 3つ。
(D) 4.	(D) 4つ。

解説 学生は専攻が2つあるので、それぞれの専攻のために1科目ずつ選択科目を1年次に履修しなければならない。さらに、学生とアドバイザーの最後から2番目のやりとりから、最後の1科目は選択科目でもよいことがわかるので、学生が取ることができる選択科目は3つになる。

34. 解答 D 50

Question : What can we infer from the conversation?

訳 質問：この会話から推測できることは何ですか。

選択肢	選択肢の訳
(A) The student knows which courses to take.	(A) 学生はどの科目を取るべきかわかっている。
(B) The student hasn't read the prospectus.	(B) 学生は履修案内を読んでいない。
(C) The student is not very clever.	(C) 学生はあまり賢明ではない。
(D) The student is a freshman.	(D) 学生は新入生である。

解説 選択肢からこの会話の学生に関して聞かれていることがわかる。学生が最初に I read the prospectus, but I'm still a little confused about which courses I should take. と言っていることから、(A)と(B)は間違い。学生の2番目の発言にある I'm thinking of doing a double major、またアドバイザーが1年のうちに履修できる科目数などを教示しているところなどから、この学生は freshman（1年生）であると推測できる。したがって、正解は (D)。

Questions 35-38

51

スクリプト

Listen to students talk about dorm troubles.

W: You're really lucky to have a single room in the dorm. I requested one, but since being put in with Rosanne, I've been having a hard time.

M: What do you mean? Rosanne seems nice. We all had a great time at the freshman orientation party the other night, didn't we? What's wrong?

W: Oh yeah, she's really fun. She's just hard to live with. The room is always a mess, she never makes her bed, and she leaves dirty dishes around the place. I mean, I'm not that uptight, but I'd like to keep the room a little cleaner, and I don't know how to tell her.

M: Oh, is that all it is? Just tell her. I'm sure she'll understand.

W: Yeah, the trouble is, every time I try to tell her I feel like I'm insulting her.

M: Maybe you could start by telling her just one thing, like about the dirty dishes and then try to forget about it, and wait a while before saying something else. That'll make it a bit easier for both of you.

W: You're right, no matter how hard it is, I have to talk to her. I just can't go on like this.

訳

寮でのトラブルについて学生が話すのを聞きなさい。

女性：寮で個室がもらえるなんて、あなたすごくラッキーよ。私は個室をリクエストしたんだけど、ロザンヌと一緒の部屋にされて以来、ずっと大変なの。

男性：どういう意味？　ロザンヌってよさそうな人に見えるけど。この間の夜、みんな新入生のオリエンテーションパーティーでは、楽しかったじゃない？　何が大変なんだい？

女性：うーん、まぁね、確かに彼女は楽しいわ。ただ一緒に住むのは大変なのよ。部屋はいつも散らかっていて、絶対にベッドを整えないし、汚れたお皿をどこにでも置きっぱなしにするの。つまり、私はそんなに神経質じゃないけど、もうちょっと部屋をきれいにしておきたいの。彼女にどう言ったらいいかわからないのよ。

男性：なんだ、そういうこと？　そう彼女に言えばいいじゃない。そうすればきっとわかってくれるよ。

女性：うーん、問題はね、彼女に言おうとするたびに彼女を侮辱しているみたいな気がしちゃうの。

男性：1つのことだけを言うことから始めたらいいかもしれないよ、汚いお皿のこととかさ、後はそのことは忘れるようにして、別のことを言う前にしばらく待つんだ。そうすれば君たち2人にとって少しは楽になるよ。

女性：そうね。どんなに大変でも彼女には言わなくちゃ。このままではやっていけないもの。

35. 解答 C 52

Question : What is the main topic of the conversation?

訳 質問：この会話の主題は何ですか。

選択肢

(A) The freshman orientation party.
(B) How to clean a room.
(C) Rosanne's untidiness.
(D) Getting a single room.

選択肢の訳

(A) 新入生のオリエンテーションパーティー。
(B) 部屋の掃除の仕方。
(C) ロザンヌのだらしなさ。
(D) 個室を得ること。

解説 選択肢が句の形になっていることから、おそらく主題 (main topic) を聞かれていることが推測できる。この会話では女性が、ロザンヌが部屋をきれいにしないことを言っているのだから、ロザンヌのだらしなさが問題になっており、(C) が正解。

36. 解答 D 53

Question : What does the man suggest?

訳 質問：男性は何と提案していますか。

選択肢

(A) Insulting Rosanne.
(B) Cleaning up the room.
(C) Requesting a single room.
(D) Telling Rosanne about the dishes first.

選択肢の訳

(A) ロザンヌを侮辱すること。
(B) 部屋を掃除すること。
(C) 個室を要求すること。
(D) ロザンヌにまずお皿のことを話すこと。

解説 男性は2番目の発言で Just tell her. I'm sure she'll understand.「そう彼女に言えばいいじゃない。そうすればきっとわかってくれるよ」と言うが、女性は the trouble is, every time I try to tell her I feel like I'm insulting her と、ロザンヌに言うことで失礼にならないか心配している。そこで男性は最後の発言で、Maybe you could start by telling her just one thing, like about the dirty dishes ... と言っているので、(D) を提案している。

37. 解答 C 54

Question : What can we infer about the speakers?

訳 質問 : 話し手に関して推測できることは何ですか。

選択肢

(A) That they don't like Rosanne.
(B) That they like to live cleanly.
(C) That they are freshmen.
(D) That they share a room.

選択肢の訳

(A) 彼らはロザンヌを好きではない。
(B) 彼らは清潔に住みたい。
(C) 彼らは新入生である。
(D) 彼らは部屋を共有している。

解説 男性は最初の発言で Rosanne seems nice. と言っており、女性も she's really fun と言っていることから (A) は間違い。また女性はロザンヌとの同室問題を男性に話しているので、(D) も違う。決め手は男性の最初の発言中の We all had a great time at the freshman orientation party the other night, didn't we? で、2人はともに1年生であることがわかる。

38. 解答 B 55

Question : What does the woman agree to do?

訳 質問 : 女性はどうすることに同意していますか。

選択肢

(A) Forget about it.
(B) Talk to Rosanne.
(C) Clean up the room.
(D) Move to another room.

選択肢の訳

(A) それを忘れる。
(B) ロザンヌに話をする。
(C) 部屋を掃除する。
(D) 別の部屋に移る。

解説 男性の最後の発言、start by telling her just one thing, ... に対して、女性は You're right, no matter how hard it is, I have to talk to her. と納得している。したがって、(B) が正解。

Listening Comprehension

Part C ディレクション

56

Part C

Directions: In Part C of the test, you will listen to several talks. After each talk, there will be some questions. These talks and questions will be read only once.

After each question, read the four possible answers in your test book. Then choose the best answer. Finally, find the number of the question on your answer sheet and fill in the space that corresponds to the letter of the correct answer.

Here is an example.

On the recording, you hear:

Listen to an instructor talk to his class about an online post.

I want to tell you about a website that you should all visit, universe101.org. This is a great place to learn about stars, comets, planets and other cosmic phenomena. A new post appeared there today about the sun, written by physics professor Jessica Watts. She explains how and why the sun formed, its role in our solar system, and how it impacts Earth in ways ranging from orbital position to climate conditions. The post includes amazing new satellite images, along with computer graphics that are quite impressive. It ties to course material that we will be studying later on this semester.

Question : What is the main purpose of the online post?

In your test book, you read:

(A) To profile an important physics professor.

(B) To announce a theory about the universe.

(C) To examine various aspects of the sun.

(D) To review new images from satellites.

Sample Answer

Ⓐ Ⓑ ● Ⓓ

The best answer to the question "What is the main purpose of the online post?" is (C), "To examine various aspects of the sun." Therefore, the correct choice is (C).

Remember that taking notes or writing in your test book is not allowed.

パートC

指示文：パートCでは、いくつかの短い話が流れます。それぞれの話の後、質問がいくつか流れます。話と質問は1度しか流れません。

質問を聞いた後、テストブックにある4つの選択肢を読みなさい。そして、最も適切な答えを選びなさい。最後に、解答用紙にある選択肢の番号で、正解に該当するもののマーク欄を塗りつぶしなさい。

それでは例題です。
音声では以下の部分が流れます。
講師が授業で、あるインターネットでの投稿について話すのを聞きなさい。
皆さんにぜひ見てもらいたい、あるウェブサイトについて話したいと思います。universe101.orgです。これは、恒星や彗星、惑星、その他の宇宙で見られる現象について学ぶことができるすばらしいサイトです。今日新たに掲載された投稿は太陽に関する記事で、物理学の教授であるジェシカ・ワッツ氏が執筆しました。彼女は、太陽が成り立った経緯とその背景、太陽系における太陽の役割、そして地球の軌道位置から気象条件に至るまで太陽がいかに影響を及ぼすかについて説明しています。記事には、すばらしい新たな衛星写真と、非常に印象的なコンピュータグラフィックスも含まれています。今学期にこれから学習する題材と関係があります。
質問：そのインターネットでの投稿の主な目的は何ですか。

テストブックには以下の選択肢があります。
(A) ある有力な物理学教授を紹介するため。
(B) 宇宙に関するある理論を発表するため。
(C) 太陽のさまざまな側面を考察するため。
(D) 衛星からの新しい写真を調査するため。

「そのインターネットでの投稿の主な目的は何ですか」という質問に対して最も適切な答えは(C)の「太陽のさまざまな側面を考察するため」です。したがって、正しい選択肢は(C)です。

メモを取ったりテストブックに書き込みをしたりしてはいけないことに注意してください。

Part C 問題

57 ~ 66

39. (A) The environment.
(B) Monarch butterflies.
(C) Different kinds of butterflies.
(D) Ways animals fool their predators.

40. (A) Its disgusting taste.
(B) Its ability to hide itself.
(C) Its ability to camouflage.
(D) The Monarch's disgusting taste.

41. (A) By hiding behind a leaf, a twig, or a rock.
(B) By hiding behind a snake.
(C) By making itself look like a snake.
(D) By turning into a snake.

42. (A) Having the same markings as another animal.
(B) Looking like a leaf, a twig, or a rock.
(C) Being the same color as another animal.
(D) Sounding like another animal.

43. (A) To discuss the schedule.
(B) To discuss the assignments.
(C) To let students know the attendance policy.
(D) To let students know what is expected of them.

44. (A) He will always give an extension.
(B) He will give an extension after the deadline.
(C) He will give a 0 to unexcused late assignments.
(D) He will accept late assignments.

45. (A) 1 one-hour lesson.
(B) 1 two-hour lesson.
(C) 2 one-hour lessons.
(D) 2 two-hour lessons.

46. (A) It is necessary to understand the course.
(B) It is required to pass the course.
(C) It is optional but interesting.
(D) It is optional but useful.

67 ~ 71

47. (A) To tell the students how to study for the exam.
(B) To encourage the students to study hard for the exam.
(C) To tell the students when the results will be posted.
(D) To give the students information about preparing for the exam.

48. (A) Students can leave only during the last half hour.
(B) Students can leave only during the first hour.
(C) Students cannot leave until the exam is over.
(D) Students can leave whenever they finish.

49. (A) Students should do some serious cramming.
(B) Students should study hard on the morning of the exam.
(C) Students should prepare both their minds and their bodies.
(D) Students should relax and try not to worry about the exam.

50. (A) Answer 2 out of 4 questions.
(B) Answer all 4 questions.
(C) Answer 4 out of 8 questions.
(D) Answer all 8 questions.

Part C 解答・解説

Questions 39-42

57

スクリプト

Listen to a talk about adaptation.

Have you ever been tricked by something that was fake? Sometimes smaller, weaker animals have learned to imitate stronger animals to stay alive. These "copycats" are called mimics. Mimicry is an adaptation some animals use as protection from predators. Animals that use mimicry use colors and markings to look like another animal. If they can trick their predators into thinking they are different animals by the colors on their body, or the sounds they make, they may avoid being eaten. For example, look at these two butterflies. One is a Monarch, and the other is a Viceroy. They look very much alike, but the Monarch is disgusting to eat, and the Viceroy is delicious for its predators. Therefore, Viceroys changed their appearance to look like the less tasty Monarch. This protects them from being eaten. Likewise, one kind of moth called a Hawk moth, for example, defends itself by mimicking a snake.

Camouflage is also an adaptation some animals use as protection from predators. An animal that uses camouflage looks like things in its environment. It might look like a leaf, a twig, or a rock.

訳

適応についての話を聞きなさい。

今までに偽物にだまされたことはありますか。小さく弱い動物は、生き延びるために、しばしば強い動物をまねることを身につけてきました。このような「ものまね上手」は擬態者と呼ばれています。擬態はある動物が捕食者から身を守るために使う適応です。擬態する動物は、別の動物のように見せかけるために色や模様を用います。体の色や鳴き声によって、捕食者に別の動物だと思わせることができれば、捕食されずに済みます。例えば、これら2種類の蝶を見てください。1つはオオカバマダラ、もう1つはカバイロイチモンジです。この2種類は非常に似ています。しかし、捕食者にとってオオカバマダラはまずく、カバイロイチモンジは好物です。そのため、カバイロイチモンジはあまりおいしくないオオカバマダラに似せるために外見を変えました。こうすることでカバイロイチモンジは捕食されないのです。これと同じように、例えば蛾の一種であるスズメガは、ヘビに擬態することで身を守ります。

カモフラージュも動物が捕食者から身を守るために用いる適応です。カモフラージュを使う動物は、身の回りにあるもののように見えます。それは木の葉や小枝、または石だったりします。

39. 解答 D 58

Question: What is the main topic of this talk?

訳 質問：この話の主題は何ですか。

選択肢

(A) The environment.
(B) Monarch butterflies.
(C) Different kinds of butterflies.
(D) Ways animals fool their predators.

選択肢の訳

(A) 環境。
(B) オオカバマダラ。
(C) 種類の異なる蝶。
(D) 動物が捕食者をだます方法。

解説 小さく弱い動物が生き延びるための方法として、より強い動物を擬態したり、カモフラージュしたりすることについて述べられている。mimicry や camouflage は、弱い動物が predators（捕食者）をだます方法なので、(D) が正解。

40. 解答 D 59

Question: According to the speaker, what stops the Viceroy from being eaten?

訳 質問：話し手によると、カバイロイチモンジが捕食されるのを防ぐのは何ですか。

選択肢

(A) Its disgusting taste.
(B) Its ability to hide itself.
(C) Its ability to camouflage.
(D) The Monarch's disgusting taste.

選択肢の訳

(A) そのおいしくない味。
(B) その隠れる能力。
(C) そのカモフラージュする能力。
(D) オオカバマダラのおいしくない味。

解説 整理すると「Monarch＝まずい＝捕食されない」「Viceroy＝おいしい＝捕食される」。Viceroy は Monarch に外見を似せ、捕食されないように変化した。したがって、Viceroy が捕食されずに済むのは Monarch のまずい味のおかげなので、正解は (D)。

41. 解答 C 60

Question： How does a Hawk moth protect itself?

訳 質問：スズメガはどのように自分の身を守りますか。

選択肢

(A) By hiding behind a leaf, a twig, or a rock.
(B) By hiding behind a snake.
(C) By making itself look like a snake.
(D) By turning into a snake.

選択肢の訳

(A) 木の葉や小枝や石の後ろに隠れることによって。
(B) ヘビの後ろに隠れることによって。
(C) ヘビのように見せかけることによって。
(D) ヘビに変化することによって。

解説 Hawk moth に関しては第1段落最終文に、Hawk moth ... defends itself by mimicking a snake とある。ヘビに姿を似せることで身を守るので、正解は (C)。

42. 解答 B 61

Question： According to the speaker, which of the following would NOT be considered mimicry?

訳 質問：話し手によると、次のうち擬態と見なされないものはどれですか。

選択肢

(A) Having the same markings as another animal.
(B) Looking like a leaf, a twig, or a rock.
(C) Being the same color as another animal.
(D) Sounding like another animal.

選択肢の訳

(A) 他の動物と同じ模様を持つこと。
(B) 木の葉や小枝や石のように見せかけること。
(C) 他の動物と同じ色になること。
(D) 他の動物と同じような音を出すこと。

解説 第1段落第5文に mimicry に関して Animals that use mimicry use colors and markings to look like another animal. とあり、また続く文に by the colors on their body, or the sounds they make, ... とあるので、(A)、(C)、(D) は mimicry。一方、第2段落最後の文に camouflage は a leaf, a twig, or a rock など身の回りのものに姿を似せることだとあるので、(B) は camouflage のことで mimicry ではない。したがって、(B) が正解。

Questions 43-46

62

スクリプト

Listen to a professor talk about his class requirements.

Okay, does everybody have a course outline? I would like to go through it now. So, if you look at the top of page 2, you can see the schedule for this semester. Please note that there are only 23 classes. There will be no class on the 11th of November because I'll be away at a conference then. Basically though, we have a class every week on Monday and Wednesday. It's always at this time, from 10 until 12 and in this room. Most important is the reading. See the list of readings at the top of page 3? You must do the reading before you come to class. Basically, if you haven't done the reading, you won't understand what I'm talking about. I won't answer any questions about the reading during class time so if you have any questions, please come to my office, and ask me before class. Also, you can see the list of assignments at the bottom of page 3. Next to each assignment is the deadline. You must bring the assignment to class or to my office by the end of the day. If you need to get an extension on the deadline, come and see me beforehand. If you don't get an extension, and I get the assignment late, I'm sorry, but you'll get a 0. As you can see, each of these assignments is worth 20% of your final grade. There is no final exam for this course. Once you've handed in the final assignment, please wait for about 4 weeks, and your grades will be posted on the notice board in the Murphy Building.

訳

授業の単位取得条件についての教授の話を聞きなさい。

さて、皆さん、コースの要綱は持っていますか。今からそれに従って説明していきたいと思います。2ページの上を見ると、今学期のスケジュールが書いてあります。注意していただきたいのは、授業は23回しかないということです。11月11日は、私が学会で不在なので授業はありません。でも基本的に毎週月曜日と水曜日に授業があります。いつもこの時間、10時から12時までで、この教室です。一番大事なのは、リーディング（訳注：文献を読むこと）です。3ページの上にリーディングリストがありますね？　授業に来る前にリーディングをしておいてください。基本的に、リーディングをしておかないと私が話す内容はわかりませんよ。授業中はリーディングに関する質問にはいっさい答えませんので、質問がある人は、授業の前に私の研究室に来て聞いてください。それから宿題のリストが3ページの下にあります。各宿題の横に提出期限が書いてあります。宿題は授業に持ってくるか、あるいは、その日の終わりまでに私の研究室に持ってきてください。もし提出期限を延長してほしいときは、事前に私のところに相談に来てください。もし期限延長の許可なく私が宿題を遅く受け取った場合は、残念ですが0点となります。見てわかるように、それぞれの宿題は最終的な成績の20%を占めます。このコースには期末テストはありません。最後の宿題を提出したら4週間ほど待ってください。成績をマーフィービルディングの掲示板に張り出します。

43. 解答 D 63

Question： What is the main purpose of this talk?

訳 質問：この話の主な目的は何ですか。

選択肢

(A) To discuss the schedule.

(B) To discuss the assignments.

(C) To let students know the attendance policy.

(D) To let students know what is expected of them.

選択肢の訳

(A) スケジュールを説明するため。

(B) 宿題の説明をするため。

(C) 学生に出席の方針について知らせるため。

(D) 学生に何が求められているか知らせるため。

解説 選択肢には、To ～ とあるので「目的」が聞かれていると推測できる。冒頭で学生が course outline を持っているかどうかを確認した上で、I would like to go through it now.「今からそれに従って説明していきたいと思います」と言っている。そして授業回数、授業日と時間、教室などの情報に加え、授業前にリーディングをすること、質問は教授の研究室 (office) で事前にすること、宿題 (assignments) の期限を守ること、さらに評価に関して述べられている。したがって、この話の主な目的は、この授業で学生に何が求められているかを説明することである。

44. 解答 C 64

Question： What is the professor's policy on late assignments?

訳 質問：宿題を遅れて提出することに関する教授の方針はどのようなものですか。

選択肢

(A) He will always give an extension.

(B) He will give an extension after the deadline.

(C) He will give a 0 to unexcused late assignments.

(D) He will accept late assignments.

選択肢の訳

(A) 常に延長を許可する。

(B) 締め切りの後に延長を許可する。

(C) 許可なく提出が遅れた宿題には0点を与える。

(D) 提出が遅れた宿題を受領する。

解説 宿題の extension「期限延長」は、期限前に教授のところに行けば (come and see me beforehand) 許可をもらえるが、許可なく提出が遅れた場合は成績は「0」である。したがって、(C) が正解。ちなみに教授が学生に対し「～してください」という場合は、義務を表す must (You must ～) がよく使われるので、覚えておこう。

45. 解答 D 65

Question： How much class time is there per week?

訳 質問：1週間に何時間の授業がありますか。

選択肢	選択肢の訳
(A) 1 one-hour lesson.	(A) 1時間の授業が1つ。
(B) 1 two-hour lesson.	(B) 2時間の授業が1つ。
(C) 2 one-hour lessons.	(C) 1時間の授業が2つ。
(D) 2 two-hour lessons.	(D) 2時間の授業が2つ。

解説 教授は第6～7文で we have a class every week on Monday and Wednesday、It's always at this time, from 10 until 12 と言っているので2時間の授業が週2回で、(D) が正解。

46. 解答 A 66

Question： What does the professor say about the reading?

訳 質問：教授はリーディングについて何と言っていますか。

選択肢	選択肢の訳
(A) It is necessary to understand the course.	(A) コースを理解するために必要である。
(B) It is required to pass the course.	(B) コースに合格するために必要である。
(C) It is optional but interesting.	(C) 任意だが、面白い。
(D) It is optional but useful.	(D) 任意だが、有益である。

解説 (C)、(D) の optional は「読んでも読まなくてもどちらでもいい」の意味だが、教授はそうは言っていない。中程で Basically, if you haven't done the reading, you won't understand what I'm talking about. と言っており、授業については予習が必要であることがわかる。したがって、(A) が正解。(B) の required も「必要」の意味だが、こう言うと「単位取得のための条件」としての意味合いになってしまう。

Questions 47-50 67

スクリプト

Listen to a professor talk to her class about exam preparation.

Today, I'd like to tell you everything you need to know to prepare for the exam. The exam will be on July 15th from 1:30 to 3:00. Of course, if you finish early, you're free to go, but please leave quietly so as not to disturb anyone else. However, if you finish in the last 30 minutes, I will ask you to stay until the end to avoid too much commotion. There will be 8 questions in the test; one on each of the topics covered in this course. You can choose any 4 questions to answer, and each answer will make up 25% of your exam grade. Make sure you answer the questions fully and completely. Just stating your answer without giving any reason or justification for your answer will give you a C. So make sure you study not only the ideal responses but also the kind of justification you have learned in this course. I'm sure most of you plan to stay up late on the night before the exam and do some serious cramming, but I wouldn't recommend it. Of course, you need to study for the exam, but just as important is physical preparation. So make sure that you get to bed early the night before the exam, and have a good breakfast in the morning. You can always do some last minute review on the way here.

訳

試験の準備について教授がクラスに話すのを聞きなさい。

今日は、試験の準備のために知っておかなければならないことをすべてお話しします。試験は7月15日の1時半から3時まで行われます。もちろん、早く終わった場合は退室して結構ですが、他の人の迷惑にならないように静かに退室してください。しかし、試験終了前の30分間で終わった場合は、あまり騒がしくならないようにするために、最後まで残ってください。試験には8つの問題が出ます。この授業で勉強したトピックそれぞれ1つにつき1問です。どれでも4つ選んで答えることができ、各解答が試験の成績の25%を占めることになります。問題には十分にそして完全に答えるようにしてください。答えを書いただけでその理由や正当な裏付けがない場合、成績は C となります。ですから、理想的な解答の勉強だけでなく、この授業で学んだ正当な裏づけも勉強するようにしてください。あなたたちのほとんどが試験の前日は夜遅くまで起きていて、一生懸命詰め込み勉強をするのではないかと思いますが、それはお勧めしません。もちろん、試験のために勉強することは必要ですが、それと同じくらい大事なのは体調を整えておくことです。ですから試験の前の晩は必ず早く寝て、朝はきちんと朝食をとるようにしてください。間際の復習は、ここに来る間にもできますからね。

47. 解答 D　68

Question： What is the purpose of this talk?

訳　質問：この話の目的は何ですか。

選択肢

(A) To tell the students how to study for the exam.

(B) To encourage the students to study hard for the exam.

(C) To tell the students when the results will be posted.

(D) To give the students information about preparing for the exam.

選択肢の訳

(A) 学生に試験勉強の仕方を伝えるため。

(B) 学生が一生懸命試験勉強することを促すため。

(C) 学生にいつ結果が掲示されるかを知らせるため。

(D) 学生に試験の準備について情報を与えるため。

解説 選択肢の文頭が To ～ で始まっていることから、「～のため」と目的を質問していると予測することができる。教授は冒頭で Today, I'd like to tell you everything you need to know to prepare for the exam. と言っていることから、(D) が目的だとわかる。教授は (A) や (B) に触れていなくはないが、それらはこの話の「目的」ではない。

48. 解答 B　69

Question： Which of the following is true about leaving the exam room?

訳　質問：試験場からの退室に関して正しいものは次のどれですか。

選択肢

(A) Students can leave only during the last half hour.

(B) Students can leave only during the first hour.

(C) Students cannot leave until the exam is over.

(D) Students can leave whenever they finish.

選択肢の訳

(A) 学生は試験終了前の30分間のみ退室できる。

(B) 学生は最初の1時間にのみ退室できる。

(C) 学生は試験が終わるまで退室できない。

(D) 学生は解答が終わればいつでも退室できる。

解説 テストは from 1:30 to 3:00 の1時間30分。if you finish in the last 30 minutes, I will ask you to stay until the end とあり、退室できるのは最初の1時間だけなので正解は (B)。ちなみに You are free to ～ は「自由に～してよい」の意。

49. 解答 C 70

Question： What is the professor's view about preparing for exams?

訳 質問：試験の準備についての教授の考えはどのようなものですか。

選択肢

(A) Students should do some serious cramming.
(B) Students should study hard on the morning of the exam.
(C) Students should prepare both their minds and their bodies.
(D) Students should relax and try not to worry about the exam.

選択肢の訳

(A) 学生は真剣に詰め込み勉強をすべきである。
(B) 学生は試験当日の朝に一生懸命勉強すべきである。
(C) 学生は知力も体もともに準備すべきである。
(D) 学生はリラックスして、試験のことを心配しないようにすべきである。

解説 学生が試験前日に遅くまで起きて、詰め込み勉強をするだろうが、それは勧められないと教授は言っている。そして次に just as important is physical preparation と言っているが、これは Physical preparation is just as important as mind preparation. と言うのと同じである。つまり「試験のために体を準備しておく（＝体調を整えておく）ことは、mind（知力）の準備をする（＝試験のために勉強する）のと同じくらい大事」だと言っている。

50. 解答 C 71

Question： In the exam, what do the students need to do?

訳 質問：試験で学生がしなければいけないことは何ですか。

選択肢

(A) Answer 2 out of 4 questions.
(B) Answer all 4 questions.
(C) Answer 4 out of 8 questions.
(D) Answer all 8 questions.

選択肢の訳

(A) 4つの問題のうち2つに答える。
(B) 4つの問題すべてに答える。
(C) 8つの問題のうち4つに答える。
(D) 8つの問題すべてに答える。

解説 教授は There will be 8 questions in the test「試験には8つの問題が出ます」、You can choose any 4 questions to answer「どれでも4つ選んで答えることができます」と言っている。したがって、正解は（C)。ちなみに、これらの問題には「fully そして completely に答えるように」と言っているが、「～するように」に当たるのが〈make sure (that) you＋動詞〉。

Section 2

Structure and Written Expression

Structure ディレクション

Structure

Directions: Questions 1-15 in Section 2 are incomplete sentences. Just below each sentence you will see four words or phrases. These are marked (A), (B), (C), and (D). From these, please choose the word or phrase that best completes the sentence. Next, find the number of the question on your answer sheet and fill in the space that corresponds to the letter of the correct answer.

Example

Oil has been called *black gold*, because of both its scarcity ------- high value in global markets.

(A) either
(B) neither
(C) and
(D) or

Sample Answer
(A) (B) (●) (D)

The sentence should read, "Oil has been called *black gold*, because of both its scarcity and high value in global markets." Therefore, you should choose (C).

Now begin work on the questions.

Structure

指示文：セクション2の問題1-15は不完全なセンテンスです。それぞれのセンテンスの下に、(A)、(B)、(C)、(D) の4つの語句が与えられています。これらの中から、センテンスを完成させるのに最も適切な語句を1つ選びなさい。そして、解答用紙にある選択肢の番号で、正解に該当するもののマーク欄を塗りつぶしなさい。

例題

「石油は、国際市場における希少性、________高い価格から、『黒い金』と呼ばれてきた」

(A) どちらかの

(B) どちらもない

(C) そして

(D) あるいは

このセンテンスは正しくは、"Oil has been called *black gold*, because of both its scarcity and high value in global markets."（石油は、国際市場における希少性、そして高い価格から、『黒い金』と呼ばれてきた）となります。したがって、正解は (C) です。

それでは問題を始めてください。

Structure 問 題

Time 25 minutes

1. If it ------- for an increase in greenhouse gases caused by human activity, summer temperatures in the Arctic would have cooled gradually over the last century.

(A) haven't been

(B) hadn't been

(C) has not

(D) was not

2. The birth of a tiny panda in the San Diego Zoo attracted so many people to its website ------- the online Panda Cam camera feed crashed.

(A) while

(B) yet

(C) so

(D) that

3. There is great concern about the future of Australia's Great Barrier Reef ------- global warming and chemical runoffs threaten marine species and cause serious outbreaks of disease.

(A) as

(B) although

(C) while

(D) if

解答・解説

1. 解答 B

訳 人間の活動で排出される温室効果ガスが増加しなかったなら、北極圏の夏の気温は過去1世紀の間に徐々に低くなっていただろう。

解説 <仮定法の用法>

過去1世紀のことで（over the last century)、過去の事実に反することを仮定しているので（summer temperatures ... would have cooled)、仮定法過去完了を用いる。通常〈If＋主語＋had＋過去分詞, 主語＋would [could, might] have＋過去分詞〉の形を取り、「もし～だったら…だっただろう」の意となる。「もし～がなければ」と現在の事実に反する場合は、If it were not for ～、過去の事実に反する場合は If it had not been for ～ を用いる。

2. 解答 D

訳 サンディエゴ動物園の小さなパンダの誕生は、たくさんの人々をウェブサイトに引きつけたため、パンダのライブ映像のオンライン放映が停止してしまった。

解説 <so ～ that ...>

文中に so があったら要注意。so ～ that ...「とても～なので…」という文である可能性が強いと考える。that が選択肢にある場合、that を挿入して意味を確認してみよう。

3. 解答 A

訳 地球温暖化と化学物質の流出が、海洋生物をおびやかし深刻な病気の発生の原因となっているので、オーストラリアのグレートバリアリーフの将来はたいへん懸念されている。

解説 <接続詞 as>

空欄の前後は、どちらも主語と動詞があるセンテンスになっているため、その2つのセンテンスをつなぐ何かしらの接続詞が必要である。意味を考えると、前半部分は「結果」、後半部分は「原因」となっている。そこから「～なので」を表す as を選択することができる。

4. The U.S. Fish and Wildlife Service is trying to determine whether the rare butterfly, ------- only in the mountains of southern New Mexico, needs protection under the Endangered Species Act.

(A) find
(B) finding
(C) found
(D) finds

5. The naming of typhoons, cyclones, and hurricanes ------- common practice for a long time, partly because it makes it easier for coastal stations and ships to identify and share information about weather systems.

(A) have been
(B) has been
(C) are
(D) is

6. Proteins found in milk cause the immune system to overreact in those who are allergic, ------- a variety of symptoms ranging from hives, itching, swelling and vomiting to anaphylaxis in the most severe cases.

(A) brought
(B) being brought
(C) having brought
(D) bringing

4. 解答 C

訳 米国魚類野生生物局は、ニューメキシコ州南部の山中でのみ発見される希少な蝶は絶命危惧種保護法による保護が必要であるかを見極めようとしている。

解説 ＜挿入と分詞構文＞

まずカンマが2つあることに注目。カンマで挟まれた部分は the rare butterfly を修飾する挿入句である。選択肢を参考に意味を考えると「山中でのみ発見される」だと考えられるので、found が正解。

5. 解答 B

訳 台風、サイクローンやハリケーンに名前をつけることは、長い間慣例となっている。これは、1つには沿岸観測所や船が気象状況についての情報を確認し共有しやすくするためである。

解説 ＜「継続」を表す現在完了形＞

ヒントは、継続的な期間を表す for a long time。また because に続く文は makes と現在形になっているので、過去のある1時点から現在に至る期間についての記述であるとわかる。したがって、「継続」を表す現在完了形が使われる。また主語は The naming で単数なので、正解は (B) となる。

6. 解答 D

訳 牛乳のたんぱく質は、アレルギー体質の人の免疫系を過剰に反応させ、発疹、かゆみ、腫れ、嘔吐から最も重症の場合はアナフィラキシー（過敏症）におよぶさまざまな症状を引き起こす。

解説 ＜分詞構文＞

カンマの前は主語 (Proteins found in milk) および動詞 (cause) があるが、カンマの後は主語がない。カンマ以下は、and they bring とつなぎたいところだが、選択肢には bring の変化形しかないので、前の節とつなげる場合は、これを分詞の形にして bringing とする。したがって、(D) が正解。

■The storm hit the city, causing (＝and it caused) great damage.
「嵐が街を襲い、多大な損害を与えた」

7. Although alcohol is known to be a depressant, teetotalers ------- heavy drinkers tend to suffer more from depression and anxiety than moderate drinkers.

(A) as well as

(B) as many as

(C) so well as

(D) so as

8. Thanks to the remote location, Gila Cliff Dwellings National Monument and the Gila Wilderness which surrounds it face relatively few of the problems that parks closer to cities do. There are few invasive species and ------- air pollution.

(A) little

(B) a little

(C) few

(D) a few

9. In Everglades National Park, Burmese pythons compete with alligators and prey on many of the native species, some of ------- are endangered.

(A) them

(B) those

(C) which

(D) whom

7. 解答 A

訳 アルコールは鎮静作用があると考えられているが、大酒飲みはもちろん禁酒家も、中程度の飲酒家よりもうつ病や不安神経症に苦しむ傾向がある。

解説 ＜接続詞 as well as＞

この文の構造は「A（主語）は B（動詞）だが、C（主語）は D（動詞）」。カンマ以下を見ると、D に当たる部分は tend であるが、C に当たる部分が空欄を挟んで2つあることになる。したがって、両方を主語にすることを可能にする「Y はもちろん X も」を表す X as well as Y が正解。

8. 解答 A

訳 ヒーラ岩窟住居国立史跡とそれを取り囲むヒーラ荒野は、人里離れた場所にあるおかげで、都市の近くにある公園が直面する問題は比較的少ない。侵入生物種や大気汚染がほとんどないのである。

解説 ＜数量形容詞 few と little＞

a few, few は複数名詞について不定の数を表す。a little, little は物質名詞または抽象名詞（ともに数えられない名詞）について不定の量や程度を表す。a few, a little は「少しある」、few, little は「ほとんどない」という意味。問題文前半から air pollution はほとんどないことがわかるので、数えられない名詞に使われ、「ほとんどない」を意味する little が正解。

9. 解答 C

訳 エバーグレーズ国立公園では、ビルマニシキヘビはワニと争って、多くの在来種を捕食する。その中には絶滅の危機に瀕しているものもいる。

解説 ＜関係代名詞＞

これは X compete with Y and prey on many of the native species. と Some of the native species are endangered. が接続された文。ここでは関係代名詞 which（先行詞は the native species）を用いて1つの文としている。

■ There are many students. Many of them are freshmen.
→ There are many students, and many of them are freshmen.
→ There are many students, many of whom are freshmen.
「たくさんの学生がいて、そのうちの多くが新入生である」

10. The United States is interesting in that the only inauguration element mandated by the Constitution is that the President ------- an oath before they can "enter on the Execution" of the office of the presidency.

(A) taking
(B) take
(C) took
(D) taken

11. It is difficult to study dreams as dreams are neither directly observable by an experimenter ------- are reports of dreams by subjects reliable, being prey to the familiar problems of distortion due to delayed recall.

(A) nor
(B) or
(C) who
(D) and

12. The ------- U.S. Supreme Court building was created by the architect, Cass Gilbert in a classical style which goes well with the surrounding buildings of the Capitol Complex and Library of Congress.

(A) fourth-story
(B) four-stories
(C) four-story
(D) fourth-storied

10. 解答 B

訳 アメリカ合衆国の興味深い点は、憲法で唯一義務づけられている就任式の内容が、大統領の職務を「執行する」前に、大統領が宣誓をしなければならないことである。

解説 <仮定法現在>

recommend, insist, suggest, mandate, propose, ask, demand, request, desire, require など要求・提案・依頼・希望などを表す動詞の後に続く that 節の動詞はアメリカ英語では仮定法現在〈動詞の原形〉、イギリス英語では〈should＋動詞の原形〉が使われる。

■ I suggest that he go alone.
「私は彼が1人で行くことを提案する」

11. 解答 A

訳 夢の研究は、実験者が直接観察できるものでないのと同時に、被験者による夢の報告は後から思い起こすため、内容がゆがむというよくある問題につながってしまうので信憑性がなく、困難である。

解説 <neither ～ nor ...>

文中に neither という語が出てきたら、それと対で使われる nor があるか確認しよう。nor が欠けていればそれが正解。ここでは、2つの文、Dreams are not directly observable. と Reports of dreams by subjects are not reliable. が「～でもないし…でもない」を表す neither ～ nor ... で1つの文になっている。nor 以下は、主語（reports of dreams by subjects）と動詞（are）が倒置した形となっている。

12. 解答 C

訳 連邦最高裁判所の4階建てのビルは、建築家キャス・ギルバートによって、周辺の国会議事堂や米国議会図書館の建物に調和するように、古典的なスタイルで建てられた。

解説 <数詞の形容詞的働き>

数詞と結合して形容詞的な働きをする名詞は通例複数形をとらない。five-minute walk（歩いて5分の距離）、three-year-old child（3歳の子供）、eight-hour labor（8時間労働）。fourth は序数「4番目の」で、「4階建て」の意味にならない。

13. Many of the indigenous peoples of the Americas have rich oral histories that relate to how they have been living in America ------- their genesis.

(A) for

(B) since

(C) before

(D) from

14. Around 135 million years -------, the land area which is now known as South America broke off from the west of the supercontinent Gondwanaland.

(A) before

(B) past

(C) long

(D) ago

15. In his thesis, he explained ------- famous astronomers ranging from Edwin Hubble to George Ellery Hale made key discoveries about the universe.

(A) where

(B) where do

(C) where has

(D) where have

13. 解答 B

訳 アメリカ先住民の多くは、彼らが民族の起源以来いかにアメリカで生きてきたかに関する豊かな口述歴史を持っている。

解説 <since と from>

since は「〜以来（ずっと）」の意味で、過去の1時点からその後の過去の1時点または現在に至るまでの継続を表し、通常、完了時制とともに用いられる。from は単に時の起点を示し、from 〜 till [to] ...（〜から…まで）の形でよく用いられる。問題文には how they have been living in America と「継続」を表す現在完了形が使われているので、since が正解。

14. 解答 D

訳 現在南アメリカとして知られる地帯は、超大陸ゴンドワナ大陸の西部からおよそ1億3500万年前に分裂した。

解説 <ago と before>

空欄を含む部分は「今からおよそ1億3500万年前」の意。現在を基準として「今から〜前」を意味するのは ago。一方 before は過去の1時点を基準にして「その時から〜前」を表す。

■ Two days before Monday, I met her.
「月曜日の2日前に私は彼女に会った」

15. 解答 A

訳 彼は論文で、エドウィン・ハッブルからジョージ・エラリー・ヘールまでの有名な天文学者たちが、どの場所で宇宙についての重要な発見をしたかを説明した。

解説 <間接疑問文>

疑問文 Where did X make key discoveries? が He explained に組み込まれて使われている間接疑問文である。語順は、He explained where X made key discoveries. となる。

■ Who is he? → Do you know who he is?
「彼は誰？」→「あなたは彼が誰だか知っている？」

Section 2

Structure and Written Expression
Written Expression ディレクション

Written Expression

Directions: Each sentence in questions 16-40 has four underlined words or phrases. These four underlined parts are marked (A), (B), (C), and (D). Find the one word or phrase that needs to be changed in order for the sentence to be correct. Finally, find the number of the question on your answer sheet and fill in the space that corresponds to the letter of the correct answer.

Example

Encryption is <u>the</u> science <u>of changing</u> plain text or <u>other</u> data into a <u>securely</u> code.
          A   B   C   D

Sample Answer
(A) (B) (C) ●

The sentence should read, "Encryption is the science of changing plain text or other data into a secure code." Therefore, you should choose (D).

Now begin work on the questions.

Written Expression

指示文：問題16-40の各センテンスには、4つの語句に下線が引いてあります。これらの4つの下線部は (A)、(B)、(C)、(D) と記されています。センテンスが正しくなるように、訂正すべき語句を1つ選びなさい。最後に、解答用紙にある選択肢の番号で、正解に該当するもののマーク欄を塗りつぶしなさい。

例題

「エンクリプション（暗号化）とは、プレーンテキストやその他のデータを安全な暗号に変換する技術のことである」

このセンテンスは正しくは、"Encryption is the science of changing plain text or other data into a secure code." となります。したがって、正解は (D) です。

それでは問題を始めてください。

Written Expression 問 題

16. A form of anxiety which is unhealthy is worrying about something that
A B
may or may not happen and take on tomorrow's problems today.
C D

17. Often described as throbbing or pounding, physical activity makes
A B
migraines worse. These migraine headaches may also be accompanied
C
by nausea or vomiting and may be disruptive enough to cause a child to
D
miss school.

18. Very few schools in the U.S. uses the term primary school as part of
A B
their name. Those schools that use the term are generally private schools,
C
serving very young children.
D

解答・解説

16. 解答 **D** 正しい形 take on ⟶ taking on

訳 健康に悪い心配の状態とは、起こるかどうかわからないことについて心配し、明日の問題を今日背負うことである。

解説 **<並列>**

「心配すること」と「(明日の問題を) 背負うこと」を動名詞で、並列の形式でそろえなければならない。worrying と同じく、and 以下も taking にする。また be 動詞 is の後に動詞の原形は続かないので、(D) はいずれにしても文法上正しくない。

17. 解答 **A**

正しい形 Often described as throbbing or pounding,

⟶ Migraines are often described as throbbing or pounding, and

訳 偏頭痛はよくズキズキするとかガンガンすると表され、運動によって悪化する。このような偏頭痛は、吐き気や嘔吐を伴うこともあり、あまりのひどさに子供が学校を休む原因となり得る。

解説 **<主節と従属節の主語の一致>**

Often described as throbbing or pounding に続き physical activity が主語になると、「ズキズキしたりガンガンしたりするのは」physical activity になってしまう。修飾句(従属節)の省略された主語(migraines)と、主節の主語(physical activity)が一致しないので、従属節の主語を省略できない。この従属節をそのまま使うのであれば主節を migraines are worsened by physical activity のような形にする必要がある。

18. 解答 **A** 正しい形 uses ⟶ use

訳 アメリカの学校では、名前の一部にプライマリースクールという用語をほとんど使わない。その用語を使う学校は、一般的にとても幼い子供を教育する私立学校である。

解説 **<主語と動詞の一致>**

few schools は複数扱いなので続く動詞は use とする。a few「(数が) 少しある」、few「(数が) ほとんどない」は「複数扱い」。a little「(量が) 少しある」、little「(量が) ほとんどない」は「単数扱い」。

19. In the West Indies in the 1800's, it was common to name a storm that (A) developed after the saint's day which (B) it occurred. Such was the case with Hurricane Santa Ana, a vicious storm, which (C) killed hundreds when (D) it hit Puerto Rico in 1825.

20. A number of studies have demonstrated (A) that U.S. veterans who have served (B) in Iraq and Afghanistan is coming (C) home with (D) high rates of mental health problems, including post-traumatic stress disorder.

21. As the majority of workers in America rely on (A) their jobs for (B) health insurance and retirement pensions, it comes as not surprise (C) that worries (D) about losing a job can cause a great deal of stress.

19. 解答 **B** 正しい形 which ⟶ on which

訳 1800年代の西インド諸島では、発達した嵐を、それが発生した日である聖人の日にちなんで名づけることがよくあった。それは、1825年にプエルトリコを襲い何百人もの死者を出した凄まじい嵐、サンタアナハリケーンにも当てはまった。

解説 **<前置詞+関係代名詞>**

It was common to name a storm after a saint's day. The storm occurred on a saint's day. という2つの文を関係代名詞（which）でつなぐと It was common to name a storm after the saint's day on which it occurred. となる。

20. 解答 **C** 正しい形 is coming ⟶ are coming

訳 多くの研究が、イラクやアフガニスタンに派遣されていたアメリカ従軍兵たちが心的外傷後ストレス障害を含む精神衛生上の問題を抱えて帰還する割合が高いことを明らかにした。

解説 **<主語と動詞の一致>**

この文は who have served in Iraq and Afghanistan が U.S. で始まる従属節の主語と動詞の間に挿入されていて、U.S. veterans を修飾している。U.S. veterans は複数なので、動詞は is coming ではなく are coming となる。

21. 解答 **C** 正しい形 not surprise ⟶ no surprise

訳 アメリカでは労働者たちの大半は、健康保険や退職年金を自分たちの仕事に頼っているので、失業に対する不安が大きなストレスの要因となり得るのは何ら驚くことではない。

解説 **<no surprise>**

it comes as no surprise というのは it is not surprising と同じで「何ら驚くことではない」の意味。surprise はここでは名詞。it is no surprise とも言える。the majority of ～は「～の大半」、rely on X for Y は「Y のために X に依存する」を表す。

22. Studies found that adults who enjoy reading literature <u>on a regular basis</u> A were almost <u>three times</u> B as likely to go to see performing arts, and more than <u>two-and-a-half times</u> C as likely to do some form of volunteer or charity work <u>than</u> D those who do not.

23. In the past, research <u>have</u> A raised the idea that the mighty Tyrannosaurus Rex <u>was</u> B related to chickens, but now researchers are also <u>hinting</u> C that this giant predator <u>might have acted</u> D chicken, as well.

24. Deeply <u>shocked</u> A by her discovery that the Vatican <u>had no facilities</u> B for homeless people on its grounds, Mother Teresa <u>she</u> C convinced the Pope <u>to build</u> D a hospice there.

22. 解答 D　正しい形 than → as

訳 日ごろから文学作品を愛読している大人たちは、読まない大人たちに比べて、舞台芸術を鑑賞に行く傾向が約3倍高く、また何らかの形でボランティア活動やチャリティー活動を行う傾向が2.5倍以上あることが研究によってわかった。

解説 **＜as ～ as ... の用法＞**

1) X is three times as heavy as Y. 2) X is three times as likely to go to ～ as Y. 3) X is three times more likely to go to ～ than Y. 比べているものは、1) は X と Y の重さ、2) と3) は X と Y が～へ行く頻度で、1) から3) まで X は Y の3倍というのは同じだが、用法は as ～ as ..., more ～ than ... と決まっている。問題は「文学作品を読む人」= X と「文学作品を読まない人」= Y を比較している。

23. 解答 A　正しい形 have → has

訳 過去の研究では、巨大なティラノサウルス・レックスがニワトリの親戚だったという考えを提起しているが、今では、この巨大な肉食動物はニワトリのように臆病に振舞ったかもしれないということも研究者たちはほのめかしている。

解説 **＜数えられない名詞の主語と動詞の一致＞**

research は数えられない名詞なので、動詞は単数で受ける。might have ～ed は過去の出来事として「～だったかもしれない」の意味。また might have acted は may have acted というより不確かな予測を表している。

24. 解答 C　正しい形 she → 消す

訳 バチカンにホームレスの人たちのための施設が全くないことがわかって深い衝撃を受けたので、マザー・テレサは法王にそこにホスピスを建てるよう説得した。

解説 **＜主語の重複＞**

この場合、主節の Mother Teresa の後の she は主語が重複してしまうので不要。この文は分詞構文で、元の文は Because Mother Teresa was deeply shocked by ..., Mother Teresa ... であるが、主語が同じなので、従属節の接続詞 (Because) と主語 (Mother Teresa) を取り除き、動詞を分詞 (being shocked) に変える。being は省略されることが多いので、Deeply shocked ... と受動態の分詞構文の形にしている。

25. Results of the study showed that depressing adults from areas with low amounts of sun exposure were more than twice as likely to have problems related to memory and other cognitive functions as those from extremely sunny areas.

(A: depressing; B: more than twice; C: likely to have; D: as)

26. After some years of effort, the teams develop a reliable process, which is now used widely by doctors across the country, to easily and conveniently determine the sex of an unborn baby as early as 7-weeks post-conception.

(A: develop; B: is now used; C: to easily and conveniently determine; D: as early as)

27. After analyzing data taken from 10 states, Janet Hyde and her colleagues found that gender differences in math scores are extremely small among all ethnic groups in the lower grades.

(A: analyzing; B: found; C: are; D: among all ethnic groups)

25. 解答 **A** 正しい形 depressing ⟶ depressed

訳 研究の成果から、日光照射量が少ない地域の気が滅入りがちな成人は、極めてよく日が照る地域の成人に比べると、記憶や他の認知機能に関する問題を持つ可能性が2倍以上あることがわかった。

解説 **<形容詞>**

Adults (from ...) are depressed. は限定用法の形容詞に書き換えると Depressed adults (from ...) となる。

■The man is boring.「退屈な男だ」→ The boring man「退屈な男」
The man is bored.「男は退屈している」→ The bored man「退屈している男」

26. 解答 **A** 正しい形 develop ⟶ developed

訳 数年の努力の末、そのチームは胎児の性別を早ければ受胎後7週目で簡単に便宜的に見分けるための信頼のできる診断方法を開発した。そして、それは今や全国の医師に広く使われるまでとなった。

解説 **<時制の一致>**

「今や全国で使われている診断方法」は、それ以前にすでに研究チームによって開発されたものであるから、develop は過去時制にして developed にする。カンマに挟まれた which で始まる節は挿入節で process を修飾している。

27. 解答 **C** 正しい形 are ⟶ were

訳 10の州から集めたデータを分析した結果、ジャネット・ハイドとその同僚たちは、すべての民族グループの低学年の生徒たちにおいて性別による数学の成績の差は極めて小さいことを発見した。

解説 **<時制の一致>**

文法問題では時制の一致に関する問題がよく出題される。この場合は、found と were の時制を一致させる。主節の時制が過去のときは、従属節の時制も過去にする（×：I found that he does it. → ○：I found that he did it.）。

28. Some (A) societies practiced a mixture (B) of farming, hunting, and gathering, while (C) others depend (D) heavily on agriculture.

29. Another reason why people tend to stereotype is because of the need to feel good about himself (A). The idea is that stereotypes protect one (B) from anxiety and enhance self-esteem. It seems that by designating one's own group (C) as the normal group and assigning another (D) to a group considered inferior, one is provided with a sense of worth.

30. Raw data has become a valuable commodity (A) in this electronic age (B), and the protection of personal informations (C) is becoming increasingly important to our sense of privacy (D).

28. 解答 D　正しい形 depend ⟶ depended

訳 ある地域社会は農業、狩猟、そして採集の混合作業を営んでいた一方で、他の地域社会は農業に大きく依存していた。

解説 **<時制の一致>**

Some societies practiced と過去形になっているので、while others 以下の動詞も過去形になる。some ～, others ... は「あるものは～、他のものは…」を表す。others は不特定のものを指して「他のもの（複数）」を意味し、the others とすると、グループの中で「残りのものすべて」を意味する。

29. 解答 A　正しい形 himself ⟶ themselves

訳 人々が固定観念に当てはめる傾向にあるもう1つの理由は、自分に自信を持つ必要性からである。固定観念は不安から人々を守り、自尊心を高めるという考えである。自分の属するグループを普通のグループであると見なし、そして別を劣っているグループと見なすことで人々は価値観を見いだすようである。

解説 **<代名詞>**

people は一般論的に人間全般を客観的に指している。前出の代用としては、they, themselves などが用いられる。一方 (B) の one はここでは「一般の人」を指す。another はいくつかあるもののうちの他のどれか1つを指す。the other は「もう一方のもの」で1つしか指さない。

30. 解答 C

正しい形 the protection of personal informations

⟶ the protection of personal information

訳 未加工のデータは、このエレクトロニクスの時代には貴重な商品となってきており、そして個人情報の保護は、プライバシーという感覚においてますます重要になってきている。

解説 **<数えられない名詞>**

information は抽象名詞。抽象名詞とは性質・状態・動作など無形のものや、抽象的な概念などを表す数えられない名詞なので、単数・複数の別はない（複数を表す -s はつかない）。また動詞は単数で受ける。

31. The ability of both the state and the private sector to collect, record,
A
and buying personal information has grown exponentially with the
B C D
development of new information and communication technologies.

32. The study demonstrated how, even among experts who agree that
A
there is a connection between media violence and aggression, there was a
B C
disagreement about how the one effects the other.
D

33. As the weather gets cooler and students return to university after the long
A B
vacation, one of the biggest price shock they face at the beginning of the
C
term will be at the college bookstore.
D

31. 解答 **B** 正しい形 buying ⟶ buy

訳 国や民間企業が個人情報を収集し、記録し、購入する能力が、新たな情報通信技術の発展に伴い急激に増大している。

解説 **<不定詞>**

to collect (不定詞) 以下も to にかかるので collect と同じ原形で形を統一する必要があり、buying は buy になる。exponentially は「急激に」の意。exponential growth [increase] というと「(ある量が増加した結果の) 急激な増加」を表す。

32. 解答 **D** 正しい形 effects ⟶ affects

訳 その研究は、メディアの暴力と (それを見ている人との) 攻撃性には関係があるとする専門家たちでさえも、それがもう一方にどのように影響するのかについては意見が一致しないことを明らかにした。

解説 **<affect と effect>**

affect と effect は混同しがちである。affect は動詞としては「～に影響する」、名詞では「感情、情緒」の意、effect は「～をもたらす」「結果、効果」の意。この文にはカンマで挟まれた挿入句があり、それを外すと文は how there was a disagreement とつながる。disagreement は「意見の相違」。

33. 解答 **C** 正しい形 shock ⟶ shocks

訳 天候が一段と涼しくなり、長期休暇が明けて学生たちが大学に戻ると、学期始めに彼らが値段に最も大きなショックを受けるものの1つは大学内の書店だろう。

解説 **<one of the ～の用法>**

shock は「(精神的) 打撃」という意味の場合、数えられる名詞。one of the ～ は「いくつかあるうちの1つ」という意味なので、続く名詞は複数形。

■ One of his faults is wasting money.
「彼の欠点の1つは金を無駄にすることだ」

34. It is only natural that students have times when they cannot comprehend
A
a point made by a professor. Professors used to this and are usually quite
B C D
happy to answer questions during or after a lecture.

35. The group reported that those students from families

with below-average incomes and those whose parents
A
had failed to acquire a college diploma were failing college at
B C
disproportionate rates, comparing students whose parents had graduated
D
from college and had higher incomes.

34. 解答 **D** 正しい形 used to this ⟶ are used to this

訳 学生たちが教授の言っていることを理解できないときがあるのは極めて当然である。教授はこのような状況に慣れていて、講義の途中や後に質問にはたいてい喜んで答えてくれる。

解説 **<be used to と used to>**

〈be used to＋動詞ing〉は「～に慣れている」、〈used to＋動詞〉は「昔よく～したものだ」の意（I am used to (doing) it.「それ（をするの）に慣れている」、I used to do it.「昔はよくそれをやったものだ」)。ここでは「慣れている」のほうで、(D) は are used to this が正しい。time はここでは occasion「時、場合」の意で、when（関係副詞）以下はどういう場合かを説明している。

35. 解答 **D** 正しい形 comparing ⟶ compared with

訳 平均以下の所得家庭の学生や、両親が大学を卒業しなかった学生は、両親が大学を卒業し、より所得の高い家庭の学生に比べて、大学を辞める割合が非常に高いことがそのグループにより報告された。

解説 **<compared with ～>**

compared with ～ は「～と比較すると、比べて」を表す成句。compare X with Y は「X と Y を比較する」という意味だが、ここでは「X＝平均以下の所得層や親が大学を卒業していない層」と「Y＝親が大学卒業者でより高所得者層」を比較し、Y と比べて X は～と述べている。

36. Experiencing (A) diversity while at university is valuable because by interacting with a variety of individuals, you are lying (B) the groundwork to be comfortable working (C) with people of all nationalities (D).

37. It is true that interacting with individuals from a variety of groups (A) widens (B) your social circle by expansion (C) the number of people with whom you can associate (D) and develop meaningful relationships.

38. It is the view of a large number of economists (A) that the present recession is much (B) more profound (C) than anything we saw (D) since the 1930's.

36. 解答 **B** 正しい形 you are lying ⟶ you are laying

訳 大学で多様性を経験することは有益である。さまざまな人々と接することで、あらゆる国籍の人たちと心地よく仕事ができるような基盤を築くことになるからである。

解説 **<自動詞と他動詞>**

lie は「横たわる、横になる」という意味の自動詞（lie in bed「ベッドに横たわる」、lie on one's back [side]「仰向け［横向き］に横たわる」）。lay は「～を横たえる、置く、広げる」という意味の他動詞で、目的語が必要（lay a baby in its crib「赤ちゃんを寝台に寝かせる」）。lay the groundwork for [to *do*] ～ で「～の基礎を築く」という意味。groundwork という目的語があるので、lying は laying にする必要がある。lie–lay–lain ; lay–laid–laid の活用を覚えておこう。rise「上がる」（自動詞）rise–rose–risen、raise「～を上げる」（他動詞）raise–raised–raised にも注意。

37. 解答 **C** 正しい形 by expansion ⟶ by expanding

訳 さまざまなグループの人たちと交流することは、人と交際し、意味ある人間関係を築ける人の数を増やすことで、社交範囲を広げることになるというのは事実だ。

解説 **<動名詞>**

a variety of ～ が「いろいろの～」という意味で使われる場合、～の部分は物や人を表す複数名詞が使われる。「人の数を増やすことで」から the number of people は動詞 expand の意味上の目的語である。しかし、expand は前置詞の後に置かれているので動名詞 expanding とする必要がある。

38. 解答 **D** 正しい形 we saw ⟶ we have seen

訳 多くの経済学者の観測では、現在の不況は1930年代以来私たちが経験してきたものよりはるかにずっと深刻なものだとしている。

解説 **<「継続」を表す現在完了形>**

ここでは since がヒント。「1930年代からずっと（現在まで経験してきた中で）」というのだから、動詞は現在までの「継続」を表す現在完了形が使われなければならない。a large number of ～ はこの後に複数の名詞が続き「非常に多くの～」の意。

39. It is a human trait to let (A) our thoughts to run our emotions (B) more than we are aware of, which (C) can cause real problems if those thoughts are off base (D).

40. All those concerned must recognize (A) that in spite (B) research advances (C) which identify the differences in the brains of patients diagnosed with ADHD, the diagnosis of ADHD at present remains (D) a clinical one.

39. 解答 **B** 　正しい形 to run our emotions ⟶ run our emotions

訳 自分たちが自覚する以上に、自分たちの思考が感情を翻弄することは人間の特徴である。それはもし思考が全く的外れなものであった場合、深刻な問題を引き起こす可能性がある。

解説 **<使役動詞>**

let, make, have などの使役動詞は〈使役動詞＋目的語＋原形不定詞〉の形で「〜に…させる」という意味を表す。原形不定詞というのは to のつかない不定詞で、動詞の原形で表す。get も使役動詞として使うことができるが、get の場合は to がついた不定詞を伴う。

■ I got him to help me with my homework.
「宿題を彼に手伝ってもらった」

40. 解答 **B** 　正しい形 in spite ⟶ in spite of

訳 注意欠陥多動性障害と診断された患者の脳の違いを見極める研究が進歩しているにもかかわらず、注意欠陥多動性障害の診断は現在、いまだ臨床的見地からのもののままであることを、すべての関係者は認識しなければならない。

解説 **< in spite of >**

in spite of 〜 は「〜にもかかわらず」の意味になる。例えば、He went to work in spite of the pain in his lower back.「腰の痛みにもかかわらず彼は仕事に出かけた」のように使う。remain は「依然として〜（の状態）のままである、相変わらず〜である」の意。

■ Despite pain in his lower back, he went to work.
despite は in spite of 〜 と同じ意味だが、よりかしこまった表現。

Reading Comprehension

ディレクション

Directions: In Section 3, Reading Comprehension, you will read various passages. Each passage will be followed by a number of questions. Please choose the best answer, (A), (B), (C), or (D), to each question. Next, find the number of the question on your answer sheet and fill in the space that corresponds to the letter of the best answer.
Please use only the information given in each passage to answer each question.

Read the following passage:
The dominant historical narrative of the United States is one of Northern Europeans expanding from the eastern coast of the continent westward into the interior. However, this narrative — even if confined to the 18th and 19th centuries — is substantially incomplete. The traditional narrative overlooks immigrants from the Spanish Empire and Mexico, with citizens of the latter country becoming Americans when Mexico ceded its northern territories to the United States. The narrative also overlooks immigrants from Asia who were crucial in developing the American West and American Pacific islands. Finally, the traditional narrative downplays the role of Africans, brought forcibly to the United States as slaves, and Native Americans.

Example
What is the main idea of the passage?
(A) Scholars have missed important facts about Northern Europeans.
(B) Conventional analyses have minimized some historical facts about America.
(C) Immigrants have been crucial to American economic development.
(D) Historians disagree on the impact of the Spanish Empire on the United States.

Sample Answer
Ⓐ ● Ⓒ Ⓓ

The main idea of the passage is that traditional interpretations have not focused on all aspects of American history. Therefore, you should choose (B).

Now begin work on the questions.

指示文：セクション3の Reading Comprehension では、いくつかのパッセージを読みます。それぞれのパッセージの後には質問がいくつかあります。それぞれの質問について最も適切な答えを (A)、(B)、(C)、(D) の中から選びなさい。そして、解答用紙にある選択肢の番号で、正解に該当するもののマーク欄を塗りつぶしなさい。

それぞれの質問には、パッセージ中で与えられる情報だけを用いて答えなさい。

次のパッセージを読みましょう。

アメリカ合衆国についての主要な歴史物語は、北ヨーロッパの人々が大陸の東海岸から西に向かって内陸へと勢力を拡大していったという話だ。しかしながらこの話は、18世紀と19世紀に限ったとしても、かなり不完全なものである。この伝統的な話で見落とされているのは、スペイン帝国やメキシコからの移住者だ。メキシコの人々は、メキシコが北側の領土をアメリカ合衆国に割譲したのを機にアメリカ人になった。この話はさらに、アメリカの西部や太平洋諸島の発展にとって重要だったアジアからの移住者についても見落としている。最後に、伝統的な話では、奴隷として強制的にアメリカ合衆国に連れてこられたアフリカ人、そしてアメリカ先住民の役割が軽視されている。

例題

このパッセージの主旨は何か。

(A) 学者たちは北ヨーロッパ人に関する重要な事実を見落としてきた。

(B) 従来の分析ではアメリカに関するいくつかの歴史的事実が見くびられている。

(C) 移住者はアメリカの経済発展にとって重要だった。

(D) スペイン帝国がアメリカ合衆国に与えた影響について、歴史家たちの意見は一致していない。

このパッセージの主旨は、伝統的な解釈はアメリカの歴史のすべての側面に焦点を合わせたわけではなかった、ということです。したがって、正解は (B) です。

それでは問題を始めてください。

Questions 1-10

The Common Marmoset is a New World monkey. It originally lived on the Northern coast of Brazil. A Common Marmoset adult ranges from 14 cm (5.5 in.) to 18 cm (7.1 in.) in size and weighs approximately 400 g (14 oz). The fur of the Common Marmoset is grey, and the white tufts of hair, which surround its ears, are the reason for its other common name, the Cotton Eared Marmoset. Common Marmosets have a white mark on their forehead, and their faces are hairless. The Common Marmoset is diurnal, and they are highly active, living in the upper canopy of forest trees. They feed on insects, small vertebrates, fruits and tree sap.

The Common Marmoset has a social structure that revolves around a stable, extended family unit. Common Marmosets live in family groups of 3 to 15 animals. Often encompassing three generations, these groups consist of mated adults and their offspring. The groups have a strict ranking, and social status within the group is linked to breeding status. For non-breeding individuals, the dominance hierarchy is age-graded, and sex is not a factor. Dominant individuals displace others at feeding sites and exhibit a variety of aggressive behaviors and vocalizations that include open-mouth threats, nips, cuffs, lunges, grabs, ear-tufts flicks, chasing, and biting. When Common Marmosets flatten their ear tufts close to their heads in "tuft-flatten" position, this signifies submission.

Like all primates, vocal and visual communication are important to Common Marmosets. Because of their small size and the natural habitats they are found in, visual signals are important in close-range communication to signify emotional state and intent to other individuals while vocal communication is more important over longer distances. Vocal signals are used in a variety of situations such as in response to threatening situations, in attracting mates, maintaining group cohesion, defending territory, and locating and identifying group members.

1. All of the following are true of Common Marmosets EXCEPT

(A) They are monkeys.

(B) They have social rules.

(C) They live in communities.

(D) They do not communicate.

2. The word "encompassing" in line 11 is closest in meaning to

(A) including

(B) surrounding

(C) coming from

(D) taking care of

3. The word "displace" in line 15 means

(A) attack

(B) oust

(C) help

(D) kill

4. The word "its" in line 4 refers to

(A) fur's

(B) white tufts'

(C) the Common Marmoset's

(D) name's

5. From this passage it may be concluded that Common Marmosets
(A) are likely to attack each other for no reason
(B) can only be found in Brazil
(C) bear similarities to people
(D) are not very sociable

6. All of the following are true of Common Marmosets EXCEPT
(A) More powerful ones can eat more.
(B) Males are more powerful than females.
(C) Older ones are more powerful than younger ones.
(D) If they have more babies they become more powerful.

7. The paragraph after this passage probably discusses
(A) what happens when a Common Marmoset dies
(B) details of communication between Common Marmosets
(C) the physical features of Common Marmosets
(D) a different kind of monkey

8. According to the author, Common Marmosets
(A) are active at night
(B) eat the leaves of trees
(C) use body language
(D) are rather lazy

9. This passage would most likely be found

(A) in a biology textbook

(B) in a socio-psychological textbook

(C) in an anthropology textbook

(D) in a biochemical textbook

10. What can be inferred about a Common Marmoset's living situation?

(A) They change groups often.

(B) They live in groups and move around.

(C) They live with their immediate family.

(D) They live in groups and stay in one place.

Reading Comprehension 解答・解説

Questions 1-10

パッセージの構成

The Common Marmoset is a New World monkey. It originally lived on the Northern coast of Brazil. A Common Marmoset adult ranges from 14 cm (5.5 in.) to 18 cm (7.1 in.) in size and weighs approximately 400 g (14 oz). The fur of the Common Marmoset is grey, and the white tufts of hair, which surround its ears, are the reason for its other common name, the Cotton Eared Marmoset. Common Marmosets have a white mark on their forehead, and their faces are hairless. The Common Marmoset is diurnal, and they are highly active, living in the upper canopy of forest trees. They feed on insects, small vertebrates, fruits and tree sap.

The Common Marmoset has a social structure that revolves around a stable, extended family unit. Common Marmosets live in family groups of 3 to 15 animals. Often encompassing three generations, these groups consist of mated adults and their offspring. The groups have a strict ranking, and social status within the group is linked to breeding status. For non-breeding individuals, the dominance hierarchy is age-graded, and sex is not a factor. Dominant individuals displace others at feeding sites and exhibit a variety of aggressive behaviors and vocalizations that include open-mouth threats, nips, cuffs, lunges, grabs, ear-tufts flicks, chasing, and biting. When Common Marmosets flatten their ear tufts close to their heads in "tuft-flatten" position, this signifies submission.

Like all primates, vocal and visual communication are important to Common Marmosets. Because of their small size and the natural habitats they are found in, visual signals are important in close-range communication to signify emotional state and intent to other individuals while vocal communication is more important over longer distances. Vocal signals are used in a variety of situations such as in response to threatening situations, in attracting mates, maintaining group cohesion, defending territory, and locating and identifying group members.

ここがポイント　動物に関するパッセージ

動物に関するパッセージは、その動物の生態（身体的特徴、生息地、昼行／夜行、食料など）と社会構造（つがい、家族間の力関係、ルールなど）、その他その動物に関する特筆すべき特徴を整理してとらえよう。

●パッセージの構成と全体の概要

第 1 パラグラフ

〈生態〉

14 cm ～ 18 cm ①

400g ②

grey ③

white tufts of hair（耳を覆っている）④

額に white mark ⑤

顔は hairless ⑥

●diurnal ⑦

●highly active ⑧

●森林に住む ⑨

●食料：insects, small vertebrates, fruits, tree sap ⑩

第 2 パラグラフ

〈社会構造〉

extended family ⑪

●3 ～ 15匹 ⑫

●strict ranking あり ⑬

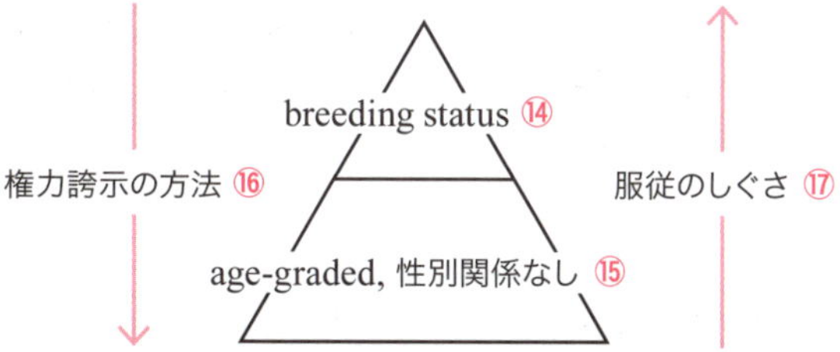

第 3 パラグラフ

〈特筆すべき特徴〉

コミュニケーション ⑱

visual	vocal
近距離にいる相手 ⑲	長距離にいる相手 ㉑
例：感情や意図を伝える ⑳	例：脅威的状況への反応、異性の気を引くなど ㉒

訳

コモンマーモセットは新世界のサルである。元来ブラジルの北海岸に生息していた。成長したコモンマーモセットは体長14センチ（5.5インチ）から18センチ（7.1インチ）ほどで、体重は約400グラム（14オンス）である。コモンマーモセットの毛はグレーで、耳の周りの房状の白い毛が、よく知られている別名キヌザルと呼ばれる由来である。コモンマーモセットは額に白いマークがあり、顔には毛がない。昼行性で非常に活動的であり、森林の樹冠に住む。虫、小さな脊椎動物、果物や樹液を食料とする。

コモンマーモセットは、一定の大家族を1つのユニットとし、それを中心に社会構成が成り立っている。コモンマーモセットは3匹から15匹を1家族としたグループの中で生活する。各グループはたいてい3世代にわたり、つがいとその子供たちで構成されている。グループには厳密な階級があり、グループ内の社会的立場は子供を産み育てている立場と関連がある。生殖に関与しないものは優勢順位が年齢によって決まり、性別は関係しない。優勢順位の高いものは、餌場で相手を追い払い、口を開けて威嚇する、かむ、たたく、飛びかかる、ひっつかむ、耳の周りの房をパタパタ動かす、追いかける、かみつく、などを含むさまざまな攻撃的行動や発声をする。コモンマーモセットが耳の房を頭に近づけて平らにする「房を寝かせる」体勢は、服従を意味する。

霊長類全般に言えるように、発声や視覚によるコミュニケーションはコモンマーモセットにとって重要である。体の小ささや彼らが住みかとする自然環境の理由で、視覚的な合図は別の相手に感情や意図を伝えるために近距離のコミュニケーションにおいて重要であり、一方、発声によるコミュニケーションはより長距離の場合さらに重要である。発声による合図は脅威的状況に反応したり、また異性の気を引いたり、グループの団結維持、縄張りの保持、また同じグループのメンバーを探したり確認したりするときなどさまざまな状況で使われる。

単語リスト

ℓ.7	**diurnal**	形 昼間の、昼行性の　**対義語** nocturnal　夜行性の
ℓ.8	**vertebrate**	名 脊椎動物　**対義語** invertebrate　無脊椎動物
ℓ.9	**revolve around ～**	句 ～を中心に営む
ℓ.10	**extended family**	名 拡大家族（cf. nuclear family　核家族）
ℓ.11	**encompass**	動 ～を包含する、取り巻く
ℓ.12	**offspring**	名 子、（集合的に）子孫
ℓ.13	**breed**	動（子を）産む
ℓ.14	**hierarchy**	名 支配［権力］層、階級制度
ℓ.18	**submission**	名 服従　形 submissive　服従的な、従順な
ℓ.20	**habitat**	名 生息地

1. 解答 D

訳 次のうち、コモンマーモセットについて正しくないものは、

選択肢

(A) They are monkeys.
(B) They have social rules.
(C) They live in communities.
(D) They do not communicate.

選択肢の訳

(A) サルである。
(B) 社会的なルールがある。
(C) 共同体で生活する。
(D) コミュニケーションをしない。

解説 選択肢の (A) は本文の第1文から、また (B) は第2パラグラフで social structure があること、strict ranking や social status も存在すること、(C) は同じく第2パラグラフの第1、2文から正しい記述であることがわかる。しかし (D) は最後のパラグラフに「vocal and visual communication は重要である」とあるので、記述と反する。したがって (D) が正解。

2. 解答 A

訳 11行目の encompassing という語に最も意味が近いのは、

選択肢

(A) including
(B) surrounding
(C) coming from
(D) taking care of

選択肢の訳

(A) ～を含む
(B) ～を囲む
(C) ～から来る
(D) ～の世話をする

解説 分詞構文 Often encompassing three generations, ... の主語は these groups。these groups とは Common Marmosets の family groups を指す。書き換えると These groups often encompass three generations, and ... となる。このように考えれば、3世代「を含む」と意味を推測することができる。

3. 解答 B

訳 15行目の displace という語の意味は、

選択肢

(A) attack
(B) oust
(C) help
(D) kill

選択肢の訳

(A) ～を攻撃する
(B) ～を追い払う
(C) ～を助ける
(D) ～を殺す

解説 「優先順位の高いものがそうでないものを displace」と、それに続く文脈から (A) か (B) に選択肢は絞られる。displace は場所を移動させる、すなわちここでは追い払うという意味になるので (B) oust ([aʊst]) が正解。文脈で判断がつきにくい場合は、dis＋place など語の構成をヒントに考えてみるとよい。dis にはnot, out of などの意味がある。

4. 解答 C

訳 4行目の its という語の指し示すものは、

選択肢

(A) fur's
(B) white tufts'
(C) the Common Marmoset's
(D) name's

選択肢の訳

(A) 毛の
(B) 白い房状の
(C) コモンマーモセットの
(D) 名前の

解説 代名詞は前出の句や節の内容を指したり、後にくる句や節を指す。the white tufts of hair, which surround its ears, are ... の which 以下は「そしてそれはその耳を覆っているのだが」となるが、「それ」は the white tufts of hair を指す。そしてそれが何の耳を覆っているかというと the Common Marmoset だから正解は (C)。

5. 解答 C

訳 このパッセージから結論として言えるかもしれないことは、コモンマーモセットは、

選択肢

(A) are likely to attack each other for no reason
(B) can only be found in Brazil
(C) bear similarities to people
(D) are not very sociable

選択肢の訳

(A) 理由もなくお互いを攻撃しそうである
(B) ブラジルでのみ見られる
(C) 人間と類似点がある
(D) あまり社交的ではない

解説 コモンマーモセットは、人間社会と非常に似た社会組織の中で生活していることが第2、3パラグラフからわかる。すなわち家族を構成していたり、グループ内に上下関係があったり、またコミュニケーションがグループの団結を維持したり、感情を伝えたりする上で大事な役割を果たしていることが文脈から読み取れる。したがって (C) が正解。

6. 解答 B

訳 次のうち、コモンマーモセットについて正しくないものは、

選択肢

(A) More powerful ones can eat more.
(B) Males are more powerful than females.
(C) Older ones are more powerful than younger ones.
(D) If they have more babies they become more powerful.

選択肢の訳

(A) 強いものがより多くを食べることができる。
(B) オスはメスよりも力がある。
(C) 若いものより年配のもののほうが力がある。
(D) 子供が多ければより力を持てる。

解説 第2パラグラフの Dominant individuals displace others at feeding sites から (A)、the dominance hierarchy is age-graded から (C)、social status within the group is linked to breeding status から (D) は正しいが、(B) は sex is not a factor とあるので記述と反する。したがってこれが正解。

7. 解答 B

訳 このパッセージに続くパラグラフでおそらく述べられるのは、

選択肢

(A) what happens when a Common Marmoset dies
(B) details of communication between Common Marmosets
(C) the physical features of Common Marmosets
(D) a different kind of monkey

選択肢の訳

(A) コモンマーモセットが死ぬと何が起こるか
(B) コモンマーモセット同士のコミュニケーションに関する詳細
(C) コモンマーモセットの身体的特徴
(D) 別の種類のサル

解説 最後のパラグラフの構造を分析してみると、vocal and visual communication はコモンマーモセットにとって重要で、visual signals は短距離で、そして vocal communication は長距離で重要であると述べられている。そして vocal signals がどういう場面で使われるかが次の文（最後の文）で詳しく述べられているが、visual signals の詳しい説明はまだ出てこない。したがって (B) について述べられれば自然なパッセージの流れになる。

8. 解答 C

訳 筆者によると、コモンマーモセットは、

選択肢

(A) are active at night
(B) eat the leaves of trees
(C) use body language
(D) are rather lazy

選択肢の訳

(A) 夜間に活動する
(B) 木の葉を食べる
(C) ボディーランゲージを使う
(D) どちらかというと怠け者である

解説 第1パラグラフの最後2つの文の内容（diurnal; highly active; feed on insects, small vertebrates, fruits and tree sap）から、(A)、(B)、(D) は間違い。(C) は第2パラグラフの最後2つの文（exhibit a variety of aggressive behaviors など）から正しい記述なので、これが正解。

9. 解答 A

訳 このパッセージが掲載されている可能性が最も高いのは、

選択肢

(A) in a biology textbook
(B) in a socio-psychological textbook
(C) in an anthropology textbook
(D) in a biochemical textbook

選択肢の訳

(A) 生物学の教科書
(B) 社会心理学の教科書
(C) 人類学の教科書
(D) 生化学の教科書

解説 このパッセージでは「コモンマーモセットの生態」について、その身体的特徴や生息地、主食、さらに生活様式や社会構成、コミュニケーションの方法などが述べられている。このような内容は、生物の教科書に出てくることなので (A) が正解。社会心理学は社会における人間の心理と行動、人類学は人間の生物的側面と文化的所産、生化学は生物の生命現象を化学的方法を用いて研究する学問。

10. 解答 D

訳 コモンマーモセットの生息状況について推測できることは何か。

選択肢

(A) They change groups often.
(B) They live in groups and move around.
(C) They live with their immediate family.
(D) They live in groups and stay in one place.

選択肢の訳

(A) 頻繁にグループを変える。
(B) グループで生活し、移動する。
(C) 肉親と生活する。
(D) グループで生活し、1カ所にとどまる。

解説 (C) のimmediate family というのは「親子、兄弟」など非常に近い血縁関係にあるものを指す。第2パラグラフでコモンマーモセットは「a stable, extended family unit で生活する」と述べられていることから (A)、(C) を正解とすることはできない。本文の最後に defending territory「縄張りを守る」とあることから、(B)「移動する」のではなく、グループ占有の一定の地域の中で生活していると推測でき、(D) が正解と考えられる。

Reading Comprehension 問題

Questions 11-20

The Industrial Revolution began in the United Kingdom in the late 18th century and quickly spread to the United States. By the early 19th century, changes in agriculture, mining, manufacturing, and transport had had a profound effect on socio-economic and cultural conditions, and almost every aspect of daily life had been influenced in some way.

When Abraham Lincoln was elected president in 1860, one third of the nation's income came from manufacturing. One of the leading industries at the time was the cotton industry. Many of the new workers in this industry were immigrants. They processed cotton and produced cotton cloth. Many others worked in the manufacture of woolen clothing and machinery. Urbanized industry, however, was limited primarily to the Northeast. The South remained rural and depended on the North for manufactured goods. In the southern states, African slave labor was used extensively to work the early plantations. However, in 1860, the North called for the end of the expansion of slavery and insisted instead that the South expand industry, commerce and business.

The conflict between the North and the South brought about the American Civil War, which started in 1861, and lasted until 1865. The industrial advantages the North held over the South helped secure a victory for the North, which sealed the destiny of the nation's economic system. When slavery was abolished, the world price of cotton plunged, making the large southern cotton plantations much less profitable. Industry in the North, which had expanded rapidly during the war, surged ahead and industrialists came to dominate many aspects of the nation's life, including social and political affairs.

11. According to the passage, the Civil War was NOT a struggle between
(A) slaves and free people
(B) the North and the South
(C) urban and rural populations
(D) agriculture and manufacturing

12. What is the author's main purpose in this passage?
(A) To explain the effects of the Industrial Revolution.
(B) To describe why slavery ended.
(C) To show the effects of immigration.
(D) To outline the causes of the Civil War.

13. The word "leading" in line 7 means
(A) controlling
(B) exceptional
(C) most important
(D) outstanding

14. The word "extensively" in line 13 is closest in meaning to
(A) unfortunately
(B) necessarily
(C) a little
(D) a great deal

15. The word "abolished" in line 19 is closest in meaning to

(A) reformed

(B) ended

(C) increased

(D) decreased

16. The word "They" in line 9 refers to

(A) rural workers

(B) leading industries

(C) urban population

(D) immigrants

17. It can be inferred from this passage that

(A) industrialization affected the outcome of the Civil War

(B) America is no longer industrialized

(C) cotton farmers liked the outcome of the changes

(D) the economy suffered after the Industrial Revolution

18. With which of the following topics is this passage primarily concerned?

(A) Slavery in the South

(B) The cotton industry in the South

(C) The Industrial Revolution in the U.S.

(D) The state of employment in the 19th century

19. The paragraph following this passage most probably discusses
   (A) the life of Abraham Lincoln
   (B) the Industrial Revolution in Europe
   (C) the origins of cotton industry
   (D) the effects of industrial power on life today

20. Which sentence below best summarizes this passage?
   (A) The industrial North beat the agricultural South in the Civil War.
   (B) The Industrial Revolution in the U.S.A. was like the one in Europe.
   (C) Abraham Lincoln can be credited with the industrialization of the U.S.A.
   (D) The Industrial Revolution had a profound effect on American society.

Reading Comprehension 解答・解説

Questions 11-20

パッセージの構成

The Industrial Revolution ①began in the United Kingdom in the late 18th century and quickly spread to the United States. By the early 19th century, changes in agriculture, mining, manufacturing, and transport had had a profound ②effect on socio-economic and cultural conditions, and almost every aspect of daily life had been influenced in some way.

When Abraham Lincoln was elected president in 1860, one third of the nation's income came from manufacturing. One of the leading industries at the time was the cotton industry. Many of the new workers in this industry were ③immigrants. They processed cotton and produced cotton cloth. Many others worked in the manufacture of woolen clothing and machinery. ④Urbanized industry, however, was limited primarily to the Northeast. ⑤The South remained rural and depended on the North for manufactured goods. In the southern states, ⑥African slave labor was used extensively to work the early plantations. However, in 1860, the North called for the end of the expansion of slavery and insisted instead that the South expand industry, commerce and business.

The conflict between the North and the South brought about ⑦the American Civil War, which started in 1861, and lasted until 1865. ⑧The industrial advantages the North held over the South helped secure a victory for the North, which ⑨sealed the destiny of the nation's economic system. ⑩When slavery was abolished, ⑪the world price of cotton plunged, ⑫making the large southern cotton plantations much less profitable. Industry in the North, which had expanded rapidly during the war, surged ahead and industrialists came to dominate many aspects of the nation's life, including social and political affairs.

ここがポイント　比較・対照のパッセージ

比較・対照されているパッセージは、何と何が比較されているのか、その2つは互いにどういう関係にあるのか、類似しているのか、相異があるのか、相補的な関係か、ぶつかり合う関係かを明らかにして、パッセージ全体の中でそれが議論される理由を整理しながら読もう。

●パッセージの構成と全体の概要

第1パラグラフ

the Industrial Revolution

18c: began in the United Kingdom and quickly spread to the U.S. ①

19c: effect on socio-economic and cultural conditions

influence on people's daily life ②

第2パラグラフ

cotton industry
・immigrants processed cotton and produced cotton cloth ③

↑

the Northeast
・urbanized ④

plantation
・African slave labor ⑥

↑

the South
・rural ⑤

第3パラグラフ

American Civil War
1861-1865 ⑦

the North
industrial advantages
↓
victory ⑧
⋮
sealed the destinty of the nation's economic system ⑨

the South
slavery abolished ⑩
↓
price of cotton ↘ ⑪
↓
less profitable ⑫

訳

産業革命はイギリスにおいて18世紀終わりに始まり、アメリカまで急速に広まった。19世紀の初めまでには、農業、鉱業、製造業、交通における変化は、社会経済と文化状況に多大な影響を与え、人々の日々の生活のほぼあらゆる面が多かれ少なかれ影響を受けた。

エイブラハム・リンカーンが大統領に選出された1860年当時、アメリカは国家収入の3分の1を製造業から得ていた。当時の主要な産業の1つは綿産業で、この産業で働く新しい労働者の多くが移民であった。彼らは綿を加工し、綿布を生産した。その他大勢の労働者は毛織物や機械製造に従事していた。しかし都市工業は、主に北東部に限られていた。南部は農村部のままとどまり、工業製品を北部に頼っていた。南部の州ではアフリカから連れてこられた奴隷が初期のプランテーションの労働力として広く利用されていた。しかし1860年に北部は奴隷制の拡大に歯止めをかけるよう求め、代わりに南部が工業、商業やビジネスを推進するよう主張した。

北部と南部の対立は1861年に南北戦争を引き起こし、この戦争は1865年まで続いた。南部に対し、より発達していた北部の工業力は、北部の勝利に役立ち、これがアメリカ経済システムの行方を決定づけた。奴隷制が廃止されたとき、綿の国際価格が暴落し、南部の大規模な綿プランテーションの収益は激減した。戦争中に急速に拡大した北部の工業は、ますます躍進した。実業家たちは、社会、政治を含む国内のさまざまな生活の面で優位に立つこととなった。

単語リスト

ℓ.1	**industrial**	形 産業の、工業の　名 industry　産業、工業
ℓ.3	**manufacturing**	名 製造、工業　動 manufacture　～を製造する
ℓ.7	**income**	名 収入、所得
ℓ.10	**machinery**	名 機械装置、機械設備
ℓ.10	**urbanize**	動 ～を都市化する　形 urbanized　都市化された
ℓ.12	**rural**	形 田舎の、農村の　対義語 urban
ℓ.18	**seal**	動 (運命など) を決める (= decide)
ℓ.19	**abolish**	動 (法律・制度・習慣など) を廃止する
ℓ.20	**plunge**	動 (値が) 急落する
ℓ.22	**surge**	動 急に上昇する　名 急上昇

11. 解答 A

訳 パッセージによると、南北戦争はどの間での争いでなかったか。

選択肢

(A) slaves and free people
(B) the North and the South
(C) urban and rural populations
(D) agriculture and manufacturing

選択肢の訳

(A) 奴隷と自由な人々
(B) 北部と南部
(C) 都市部の人々と農村部の人々
(D) 農業と製造業

解説 (B) は第3パラグラフ第1文 The conflict between the North and the South から正しい記述とわかる。また第2パラグラフの中程に Urbanized industry ... was limited ... to the Northeast. The South remained rural ... In the southern states, African slave labor was used ... to work the early plantations. とあることから、南北戦争は (C) 都市部の人々（北部）と農村部の人々（南部）との戦い、また (D) 農業（南部）と製造業（北部）の戦いでもあったと言える。しかし (A)「奴隷と自由な人々」との間の戦争ではない。

12. 解答 A

訳 このパッセージにおける筆者の主な意図は何か。

選択肢

(A) To explain the effects of the Industrial Revolution.
(B) To describe why slavery ended.
(C) To show the effects of immigration.
(D) To outline the causes of the Civil War.

選択肢の訳

(A) 産業革命の影響について説明をすること。
(B) 奴隷制がなぜ終わったのかについて説明をすること。
(C) 移民の影響を示すこと。
(D) 南北戦争の原因について概要を述べること。

解説 このパッセージで、筆者は one of the leading industries を挙げ、産業革命が国の発展に大きな影響を及ぼし、人々の生活を大きく変えたことを述べている。したがって (A) が正解。奴隷制が終わった理由や移民の影響について述べるために書かれたわけではなく、また南北戦争の原因を中心に話が展開しているわけではないので、(B)、(C)、(D) は正解にできない。

13. 解答 C

訳 7行目の leading という語の意味は、

選択肢

(A) controlling
(B) exceptional
(C) most important
(D) outstanding

選択肢の訳

(A) 支配的な
(B) 例外的な
(C) 主要な
(D) 顕著な

解説 leading というのはここでは (C)「主要な、主な」の意味。文脈を見ると第2パラグラフに、「国家収入の3分の1を製造業から得ていた」とある。そして One of the leading industries ... was ... と続く。したがって、「国家収入の3分の1に貢献している産業=主要な産業」と推測できる。

14. 解答 D

訳 13行目の extensively という語に最も意味が近いのは、

選択肢

(A) unfortunately
(B) necessarily
(C) a little
(D) a great deal

選択肢の訳

(A) 不運にも
(B) やむを得ず
(C) 少し
(D) 大いに

解説 extensively は「広範囲に、大規模に」という意味。動詞 extend「～を広げる」をヒントに考えると解答できるだろう。一方、a great deal は「たくさん」の意味で、副詞的にも使われる。

15. 解答 B

訳 19行目のabolishedという語に最も意味が近いのは、

選択肢	選択肢の訳
(A) reformed	(A) 改良された
(B) ended	(B) 終わった
(C) increased	(C) 増加した
(D) decreased	(D) 減少した

解説 第2パラグラフの最後の文に the North called for the end of the expansion of slavery とある。そして翌年、南北戦争が勃発し、北部が勝った。これをヒントにWhen slavery was abolished における abolished の意味を考えることができる。(B) が正解。

16. 解答 D

訳 9行目の They という語の指し示すものは、

選択肢	選択肢の訳
(A) rural workers	(A) 農村の労働者
(B) leading industries	(B) 主要産業
(C) urban population	(C) 都市部の人々
(D) immigrants	(D) 移民

解説 They は代名詞なのでまずは前出の句や節から解答を探す。またその代名詞が含まれる文も確認しておく。綿を加工したり綿布を生産したりする They とは何か。直前の文に Many of the new workers in this industry were immigrants. とあり、それに They と続くので、They は Many of the new workers あるいは、immigrants を指すことがわかる。

17. 解答 A

訳 このパッセージから推測できることは、

選択肢

(A) industrialization affected the outcome of the Civil War
(B) America is no longer industrialized
(C) cotton farmers liked the outcome of the changes
(D) the economy suffered after the Industrial Revolution

選択肢の訳

(A) 工業化が南北戦争の結果に影響を与えた
(B) アメリカはもはや工業化された国ではない
(C) 綿花農場主はその変化による結果を好んだ
(D) 産業革命後の経済は損害を被った

解説 本文からは (B)、(C)、(D) を推測できる根拠となる文がない。一方、(A) に関しては最後のパラグラフに The industrial advantages the North held over the South helped secure a victory for the North, ... とある。この文から、工業化が南北戦争の結果に影響を与えたと推測できる。

18. 解答 C

訳 このパッセージは次のどの話題に関して主に述べられているか。

選択肢

(A) Slavery in the South
(B) The cotton industry in the South
(C) The Industrial Revolution in the U.S.
(D) The state of employment in the 19th century

選択肢の訳

(A) 南部における奴隷制
(B) 南部の綿産業
(C) アメリカ合衆国の産業革命
(D) 19世紀の雇用状況

解説 このパッセージはイギリスで起こった産業革命がアメリカにも広がり、社会経済や文化に影響し、人々の生活を変えたことを、綿産業の発展を例に述べている。したがって、一言で主題を述べると (C) が正解となる。

19. 解答 D

訳 このパッセージに続くパラグラフで最も述べられる可能性があるのは、

選択肢

(A) the life of Abraham Lincoln
(B) the Industrial Revolution in Europe
(C) the origins of cotton industry
(D) the effects of industrial power on life today

選択肢の訳

(A) エイブラハム・リンカーンの生涯
(B) ヨーロッパにおける産業革命
(C) 綿産業の起源
(D) 工業の力が今日の生活に及ぼす影響

解説 パッセージの最後の文 Industry in the North 以下を読むと、industrialists came to dominate many aspects of the nation's life, ... とある。またパッセージの冒頭では、アメリカに広がった産業革命が社会経済・文化に影響し、人々の生活を変えたと述べられている。したがって、このパッセージの後には、(D) が続くと自然な流れとなる。

20. 解答 D

訳 以下の文の中で、このパッセージを最もよく要約しているものはどれか。

選択肢

(A) The industrial North beat the agricultural South in the Civil War.
(B) The Industrial Revolution in the U.S.A. was like the one in Europe.
(C) Abraham Lincoln can be credited with the industrialization of the U.S.A.
(D) The Industrial Revolution had a profound effect on American society.

選択肢の訳

(A) 工業化した北部が農業中心の南部を南北戦争で打ち負かした。
(B) アメリカ合衆国の産業革命はヨーロッパのものと似ていた。
(C) アメリカ合衆国の工業化はエイブラハム・リンカーンによるところが大きいだろうと考えられている。
(D) 産業革命はアメリカの社会に大きな影響を及ぼした。

解説 このパッセージは綿産業を例にアメリカ産業革命の影響に関して述べたものである。したがって、(D) が正解。南北戦争を中心に話が展開しているわけでも、またアメリカとヨーロッパの産業革命を比較したり、リンカーンの貢献を中心に書かれたりしたものではないので、(A)、(B)、(C) は正解にできない。

Questions 21-30

Most people have once or twice experienced sunburn with mild symptoms such as red or reddish skin that is hot to the touch, general fatigue, and mild dizziness. Sunburn is caused by overexposure to ultraviolet (UV) radiation emitted by the sun.

The sun emits ultraviolet radiation, which is divided into three categories based on its wavelength; these are referred to as UVA (400-315 nm), UVB (315-280 nm), and UVC (280-100 nm). Ozone in the earth's atmosphere absorbs biologically harmful ultraviolet radiation. 98.7% of the ultraviolet radiation that reaches the earth's surface is UVA. Although UVA can potentially cause genetic damage, this radiation is significantly less harmful than UVB and UVC. UVC, which would be very harmful to humans, is entirely screened out by ozone at around 35 km altitude.

Although the ozone layer is very effective at screening out the sun's UVB, some of it still reaches the earth's surface and can cause damage to the skin; too much UVB radiation leads to direct DNA damage, which causes sunburn. When the skin is exposed to moderate levels of radiation, the skin produces the brown-colored pigment called melanin to protect it against the harmful UV rays in sunlight. Melanin is produced by cells called melanocytes and protects the body from direct and indirect DNA damage by absorbing excess solar radiation. Darkening of the skin is caused by an increased release of melanin into the skin's cells. In humans, prolonged exposure to solar UV radiation may result in acute and chronic health effects on the skin, eyes, and immune system. However, the most deadly form of skin cancer — malignant melanoma — is mostly caused by indirect DNA damage (free radicals and oxidative stress), which is responsible for 92% of all melanoma cases.

21. According to the passage, what is the difference between UVA, UVB and UVC?

(A) The damage they do to the skin

(B) Where they can be found

(C) Their wavelengths

(D) Their source

22. What does this passage mainly discuss?

(A) Sunburn

(B) The ozone layer

(C) Radiation from the sun

(D) How to protect your skin from the sun

23. All of the following are true EXCEPT

(A) Most of the radiation that reaches the earth is UVA.

(B) Sunburn can cause people to feel tired.

(C) Darkening of the skin protects the skin from sunburn.

(D) The ozone layer screens out all UVB.

24. The word "potentially" in line 9 is closest in meaning to

(A) slightly

(B) possibly

(C) seriously

(D) definitely

25. The word "deadly" in line 23 means
(A) effective
(B) fatal
(C) destructive
(D) inordinate

26. The word "it" in line 14 refers to
(A) UVB
(B) the sun
(C) the ozone layer
(D) the earth's surface

27. The author mentions all of the following EXCEPT
(A) How to protect skin against sunburn
(B) Why skin turns brown in the sun
(C) Where UV comes from
(D) Where the ozone is

28. Which of the following would be the best title for this passage?
(A) Aging of the Skin
(B) The Effects of the Sun
(C) Symptoms of Sunburn
(D) The Cause of Malignant Melanoma

29. The paragraph following the passage most likely discusses
(A) other forms of radiation
(B) malignant melanoma
(C) the moon
(D) melanin

30. In line 19, what does "absorbing excess solar radiation" mean?
(A) Taking in all of the sun's radiation
(B) Dissolving all of the sun's radiation
(C) Taking in leftover radiation from the sun
(D) Dissolving leftover radiation from the sun

Reading Comprehension 解答・解説

Questions 21-30

パッセージの構成

Most people have once or twice experienced sunburn with ①mild symptoms such as red or reddish skin that is hot to the touch, general fatigue, and mild dizziness. Sunburn ②is caused by overexposure to ultraviolet (UV) radiation emitted by the sun.

③The sun emits ultraviolet radiation, which is divided into three categories based on its wavelength; ④these are referred to as UVA (400-315 nm), UVB (315-280 nm), and UVC (280-100 nm). ⑤Ozone in the earth's atmosphere absorbs biologically harmful ultraviolet radiation. ⑥98.7% of the ultraviolet radiation that reaches the earth's surface is UVA. Although UVA can potentially cause genetic damage, this radiation is significantly less harmful than UVB and UVC. UVC, which would be very harmful to humans, is entirely screened out by ozone at around 35 km altitude.

Although the ozone layer is very effective at screening out the sun's UVB, some of it still reaches the earth's surface and can cause damage to the skin; ⑦too much UVB radiation leads to ⑧direct DNA damage, which causes ⑨sunburn. When the skin is exposed to ⑩moderate levels of radiation, ⑪the skin produces the brown-colored pigment called melanin to ⑫protect it against the harmful UV rays in sunlight. ⑬Melanin is produced by cells called melanocytes and protects the body from direct and indirect DNA damage by absorbing excess solar radiation. ⑭Darkening of the skin is caused by an increased release of melanin into the skin's cells. In humans, ⑮prolonged exposure to solar UV radiation may result in ⑯acute and chronic health effects on the skin, eyes, and immune system. However, the most deadly form of skin cancer — malignant melanoma — is mostly caused by indirect DNA damage (free radicals and oxidative stress), which is responsible for 92% of all melanoma cases.

ここがポイント　原因と結果のパッセージ

cause という語が出てきたら、原因や結果の書かれたパッセージだと思って、何が何を引き起こすのか、整理しながら読もう。また「何が」、「なぜ」その結果を引き起こすのか、理由やその「プロセス」が述べられている場合は、全体を通して、流れをつかみながら原因・結果の現象を整理しよう。

●パッセージの構成と全体の概要

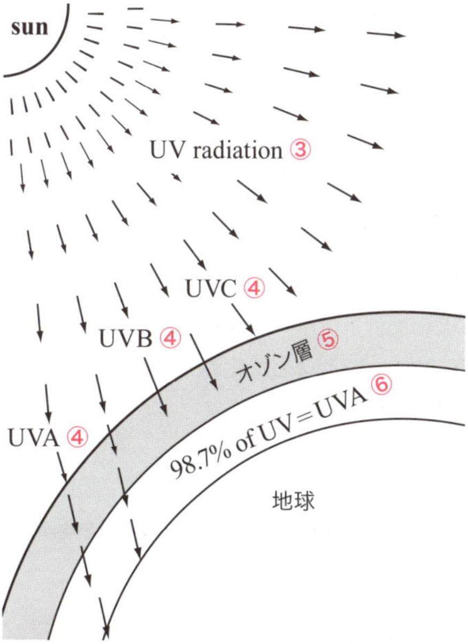

第 1 パラグラフ

〈原因〉

overexposure to UV radiation ②

⇓

〈結果〉

sunburn（症状）①

第 2 パラグラフ

左図

第 3 パラグラフ

〈原因〉		〈結果〉
・too much UVB ⑦	⇒direct DNA damage を起こす ⑧	⇒sunburn ⑨（炎症を起こす日焼け）
・moderate radiation ⑩	⇒ melanin を生成 ⑪ ・melanocytes から作られる ⑬ ・darkening of the skin ⑭	⇒危険なUVから肌を守る ⑫
・prolonged exposure to solar UV radiation ⑮		⇒acute and chronic health effects ⑯

訳

多くの人々が、触ると熱を持っている皮膚発赤や赤褐色肌、全身疲労や軽度のめまいなどの日光皮膚炎の軽い症状を1度や2度は経験している。日光皮膚炎は太陽から放射される紫外線放射に過度にさらされることにより起こる。

太陽は紫外線放射を放射するが、それはUVA（400～315ナノメートル）、UVB（315～280ナノメートル）、UVC（280～100ナノメートル）のように波長により3つの種類に分類される。地球の大気圏にあるオゾンが生物学的に有害な紫外線放射を吸収する。地球の表面に到達する紫外線放射の98.7％はUVAである。UVAは遺伝子に損傷を与える可能性があるが、この放射線の害はUVBやUVCよりかなり低い。人体にとても有害であるとされるUVCは、高度約35キロの地点でオゾンにより完全に排除される。

オゾン層は太陽から放射されるUVBを非常に効果的に排除するが、それでも多少は地球の表面に到達し、肌に損傷を与える原因となり得る。過度のUVB放射は、直接的なDNAの損傷を引き起こし、日光皮膚炎の原因となる。肌はある程度の放射線にさらされると、太陽光線の中の有害な紫外線から自らを守るため、メラニンと呼ばれる茶色の色素を作り出す。メラニンはメラノサイトという細胞によって産生され、余分な太陽放射を吸収することにより直接的、または間接的なDNAの損傷から体を守る。肌が黒くなるのは、肌の細胞に放出されるメラニンの量が増えることによる。人間の場合、長時間太陽の紫外線放射にさらされると、肌や目、免疫システムに対して急性的、慢性的な健康面での影響を受けかねない。しかし、悪性メラノーマのような最も致命的な皮膚がんの大半は大抵、間接的なDNA損傷（フリーラジカルと酸化的ストレス）によって起こり、これがメラノーマの全症例中、92％に起因している。

単語リスト

ℓ.1	**sunburn**	名 日光皮膚炎、炎症を起こす日焼け（cf. suntan　健康的な日焼け）
ℓ.1	**symptom**	名 兆候、兆し、症状
ℓ.2	**fatigue**	名（心身の）疲労
ℓ.3	**dizziness**	名 目まい　形 dizzy　目まいがする、ふらふらする
ℓ.4	**emit**	動（熱・光・匂い・音）を出す、放つ、放射する
ℓ.9	**genetic**	形 遺伝子（学）の［に関する］
ℓ.19	**excess**	形 余分な、超過した　名 超過
ℓ.20	**release**	名 放出
ℓ.21	**exposure**	名 さらすこと、さらされること
ℓ.21	**acute**	形 急性の　対義語 chronic　慢性の

21. 解答 C

訳 パッセージによると、UVA、UVB、UVC の違いは何か。

選択肢

(A) The damage they do to the skin
(B) Where they can be found
(C) Their wavelengths
(D) Their source

選択肢の訳

(A) 肌に与えるダメージ
(B) どこで見られるか
(C) 波長
(D) 発信源

解説 第2パラグラフの冒頭に、「太陽は ultraviolet radiation を放射するが、それは its wavelength によって3つの種類に分類される」とあるので、正解は (C)。種類によって肌に与える損傷は異なるが、それが UVA、UVB、UVC の違いを表す決め手ではない。

22. 解答 C

訳 このパッセージで主に述べられていることは何か。

選択肢

(A) Sunburn
(B) The ozone layer
(C) Radiation from the sun
(D) How to protect your skin from the sun

選択肢の訳

(A) 日光皮膚炎
(B) オゾン層
(C) 太陽からの放射
(D) どのように太陽から肌を守るか

解説 このパッセージは日光皮膚炎（sunburn：炎症を伴う日焼け）を起こす紫外線放射（UV radiation）に関して、それはどういうものか、どのようにして日光皮膚炎を起こすのか、そのメカニズムについて述べたものである。したがって (C) が正解。日光皮膚炎そのものに関して述べたものではないので (A) は正解にはならない。

23. 解答 D

訳 次のうち、正しくないものは、

選択肢

(A) Most of the radiation that reaches the earth is UVA.
(B) Sunburn can cause people to feel tired.
(C) Darkening of the skin protects the skin from sunburn.
(D) The ozone layer screens out all UVB.

選択肢の訳

(A) 地球に到達する放射線のほとんどは UVA である。
(B) 日光皮膚炎で人は疲労を感じることがある。
(C) 肌の色素沈着は日光皮膚炎から肌を守る。
(D) オゾン層は UVB をすべて排除する。

解説 (A) は「地球の表面に到達する紫外線放射の98.7%は UVA」とあることから、(B) は sunburn の特徴として第1パラグラフ第1文に general fatigue とあることから正しい。一方、第3パラグラフに、「direct DNA damage が sunburn を起こす」が、「メラニンは direct and indirect DNA damage から体を守る」とある。そして、「肌が黒くなるのは、メラニンの量が増えることによる」とある。したがって、メラニンの色素沈着 (Darkening of the skin) が、sunburn を防ぐということになり、(C) も正しい記述ということがわかる。(D) に関しては第3パラグラフの第1文に反する内容なのでこれが正解。

24. 解答 B

訳 9行目の potentially という語に最も意味が近いのは、

選択肢

(A) slightly
(B) possibly
(C) seriously
(D) definitely

選択肢の訳

(A) わずかに
(B) もしかしたら
(C) 深刻に
(D) 確かに

解説 potentially というのは「潜在的に」という意味。「UVA は潜在的に genetic damage を与える」というのは「UVA は genetic damage を与える可能性がある」ということになる。(B) が正解。

25. 解答 B

訳 23行目の deadly という語の意味は、

選択肢

(A) effective
(B) fatal
(C) destructive
(D) inordinate

選択肢の訳

(A) 効果のある
(B) 致命的な
(C) 破壊的な
(D) 極端な

解説 deadly は「致命的な、命取りの」という意味で、(B) fatal と同義。the most deadly form of skin cancer「最も致命的な皮膚がん」=「悪性メラノーマ」と述べられていることから意味を推測できる。

26. 解答 A

訳 14行目の it という語の指し示すものは、

選択肢

(A) UVB
(B) the sun
(C) the ozone layer
(D) the earth's surface

選択肢の訳

(A) UVB
(B) 太陽
(C) オゾン層
(D) 地表

解説 代名詞は前出の句や節を指す。意味を考えてみると the ozone layer は太陽からの UVB を遮断するが、「多少は地球の表面に到達し、肌に損傷を与える」とある。地球に到達し、人間の肌に損傷を与えるのは UVB。したがって、(A) が正解。

27. 解答 A

訳 次のうち、筆者が言及していないものは、

選択肢

(A) How to protect skin against sunburn
(B) Why skin turns brown in the sun
(C) Where UV comes from
(D) Where the ozone is

選択肢の訳

(A) どのように日光皮膚炎から肌を守るか
(B) 太陽に当たると肌はなぜ茶色くなるのか
(C) UV はどこから来ているのか
(D) オゾンはどこにあるのか

解説 (B) は 第3パラグラフの Darkening of the skin is caused by an increased release of melanin into the skin's cell. 、(C) は第1パラグラフの ultraviolet (UV) radiation emitted by the sun 、(D) は 第2パラグラフの Ozone in the earth's atmosphere で、筆者が述べていること。しかし、(A) に関してはどこにも述べられていないので、これが正解となる。

28. 解答 B

訳 次のうち、このパッセージのタイトルとして最も適切なものはどれか。

選択肢

(A) Aging of the Skin
(B) The Effects of the Sun
(C) Symptoms of Sunburn
(D) The Cause of Malignant Melanoma

選択肢の訳

(A) 肌の老化
(B) 太陽の影響
(C) 日光皮膚炎の症状
(D) 悪性メラノーマの原因

解説 このパッセージは UV radiation (紫外線放射) が肌に与える影響について述べている。UV は太陽から放射されるもの (3行目 ultraviolet (UV) radiation emitted by the sun) なので、(B) が正解。

29. 解答 B

訳 このパッセージに続くパラグラフで最も述べられる可能性があるのは、

選択肢

(A) other forms of radiation
(B) malignant melanoma
(C) the moon
(D) melanin

選択肢の訳

(A) 他の種類の放射線
(B) 悪性メラノーマ
(C) 月
(D) メラニン

解説 パッセージの最後の文を読むと、最も致命的な皮膚がんである malignant melanoma について述べられている。したがって、次に続くパラグラフでは、この (B) 悪性メラノーマについて話が展開されるのが自然な流れと考えられる。

30. 解答 C

訳 19行目の absorbing excess solar radiation はどういう意味か。

選択肢

(A) Taking in all of the sun's radiation
(B) Dissolving all of the sun's radiation
(C) Taking in leftover radiation from the sun
(D) Dissolving leftover radiation from the sun

選択肢の訳

(A) 太陽放射をすべて吸収すること
(B) 太陽放射をすべて溶かすこと
(C) 余分な太陽放射を吸収すること
(D) 余分な太陽放射を溶かすこと

解説 melanin の役割に関して absorbing excess solar radiation によって protects the body from direct and indirect DNA damage とある。excess は「余分な」、absorb は「～を吸収する」の意なので、正解は (C)。take in はここでは absorb と同義。また leftover は「残りの、余った」、dissolve は「～を溶かす、分解する」の意。

Questions 31-40

The President of the United States holds two roles: that of head of State and that of head of government of the United States.

The President of the United States is indirectly elected by the citizens of the United States through the Electoral College. The Electoral College is made up of electors — popularly elected representatives — who formally elect both the President and Vice President. Thus, instead of voting directly for a presidential candidate, the people of the United States vote for popularly elective representatives who then cast one vote for the President and the Vice President. In order to win the presidency, a candidate must receive an absolute majority of electoral votes, and at present this number is 270. If elected, the President will be in office for four years.

Article Ⅱ of the U.S. Constitution charges the President to "faithfully execute" federal law. As the nation's Chief Executive, the President is responsible for the executive branch of the federal government. The President also influences legislation because he or she has the power to veto plans for new laws. Congress is aware of the difficulty to pass a bill after it has been vetoed by the President. Bills of which the President does not approve are therefore considered extremely carefully before being passed. Among other powers and responsibilities, the article makes the President Commander in Chief of the United States Armed Forces. All military officers, in time of war or peacetime, take their orders from the President. The President also has the final word in planning how a war is to be fought. Under the Constitution, only Congress can declare war. As Commander in Chief of the Armed Forces, however, the President may send American forces into any part of the world where danger threatens. The Constitution also gives the President the power to appoint Supreme Court Justices and other federal judges. However, these appointments must be approved by the Senate with a majority vote. The President also has the power to grant pardons and reprieves to those who have committed certain federal crimes. Since 1951, presidents have been limited to two terms by the Twenty-second Amendment.

31. The President is in control of all of the following EXCEPT
   (A) ceremonies
   (B) federal law
   (C) the military
   (D) court judges

32. The word "charges" in line 12 is closest in meaning to
   (A) excuses
   (B) forbids
   (C) directs
   (D) arranges

33. The word "pardons" in line 27 means
   (A) The act of excusing people of bad actions.
   (B) The act of excusing criminals from their sentences.
   (C) The act of expelling politicians who have committed crimes.
   (D) The act of excusing politicians who have committed crimes.

34. The word "it" in line 16 refers to
   (A) Congress
   (B) a bill
   (C) legislation
   (D) the power

35. All of the following are mentioned in the passage EXCEPT
(A) the electoral system of the U.S.
(B) the protocol concerning passing of new laws
(C) the maximum period of time one can remain President
(D) the writing of presidential speeches

36. All of the following are true EXCEPT
(A) The President has the power to veto plans for new laws.
(B) The President can only stay in power for 8 years.
(C) The President has the power to designate certain court judges.
(D) The President can officially announce the start of a war.

37. Which sentence below best summarizes the passage?
(A) The President is the manager of the fields of law and military.
(B) The President is elected by electors who represent the people.
(C) The President takes charge of other politicians.
(D) The President has had less power since 1951.

38. The paragraph after this passage probably discusses the details of
(A) American wars
(B) the legal system
(C) presidential terms
(D) the election system

39. The title below that best expresses the ideas in this passage is

(A) Powers and responsibilities of the U.S. President

(B) The influence of the U.S. President on law

(C) The influence of the U.S. President on war

(D) Chief Executive of the U.S.A.

40. According to the author, which of the following is true?

(A) The President alone chooses judges.

(B) War can be decided on by the Armed Forces.

(C) A law vetoed by the President can be passed.

(D) A President must have graduated from college.

Reading Comprehension 解答・解説

Questions 31-40

パッセージの構成

①The President of the United States holds two roles: that of head of State and that of head of government of the United States.

The President of the United States is indirectly elected by the citizens of the United States through the Electoral College. ②The Electoral College is made up of ③electors — popularly elected representatives — ④who formally elect both the President and Vice President. Thus, instead of voting directly for a presidential candidate, ⑤the people of the United States vote for popularly elective representatives who then cast one vote for the President and the Vice President. In order to win the presidency, a candidate must receive an absolute majority of electoral votes, and at present this number is 270. If elected, the President will be ⑥in office for four years.

Article Ⅱ of the U.S. Constitution charges the President to "faithfully execute" federal law. ⑦As the nation's Chief Executive, the President is responsible for the executive branch of the federal government. ⑧The President also influences legislation because he or she has the power to veto plans for new laws. Congress is aware of the difficulty to pass a bill after it has been vetoed by the President. Bills of which the President does not approve are therefore considered extremely carefully before being passed. Among other powers and responsibilities, ⑨the article makes the President Commander in Chief of the United States Armed Forces. ⑩All military officers, in time of war or peacetime, take their orders from the President. ⑪The President also has the final word in planning how a war is to be fought. Under the Constitution, only Congress can declare war. As Commander in Chief of the Armed Forces, however, ⑫the President may send American forces into any part of the world where danger threatens. ⑬The Constitution also gives the President the power to appoint Supreme Court Justices and other federal judges. However, ⑭these appointments must be approved by the Senate with a majority vote. The President also has the power to grant pardons and reprieves to those who have committed certain federal crimes. Since 1951, presidents have been limited to ⑮two terms by the Twenty-second Amendment.

ここがポイント　職業に関するパッセージ

大統領、裁判官、教師、医者など、職業に関するパッセージは、仕事の内容や、職務、役割、責任などを扱ったものが多い。そこで、その職業はどのような役割や責任、権利があるのか、問われることが多いので、書かれていることすべてをもらさず読み取ることが大切。

●パッセージの構成と全体の概要

第１パラグラフ〈大統領の権力〉

The President of the United States

- head of State
- head of government ①

(●任期は４年 ⑥)
(●最大２期 ⑮)

第２パラグラフ〈選挙のしくみ〉

people of the U.S. vote ⑤

Electoral College ②
electors ③ ←
= popularly elected representatives
↓
formally elect the President and Vice President ④

第３パラグラフ

行政　Chief Executive ⑦

立法　power to veto plans for new laws ⑧

軍事　Commander in Chief of the U.S. Armed Forces ⑨
- military officers take their orders from the President ⑩
- has the final word in planning a war ⑪
- send American forces into the world ⑫

司法　appoint Supreme Court Justices and other federal judges ⑬
- must be approved by the Senate with a majority vote ⑭

訳

アメリカの大統領には、国家元首と合衆国政府の長という2つの役割がある。

アメリカの大統領は、選挙人団を通じて合衆国の国民により間接的に選ばれる。選挙人団は、大統領および副大統領を正式に選ぶ選挙人、すなわち公選された代表者によって構成される。つまり、アメリカの国民は大統領候補者に直接投票するのではなく、公選された代表者に投票し、彼らがその後、大統領、副大統領に1票を投じるのである。候補者が大統領選挙に勝つためには、選挙人投票の絶対多数を獲得しなければならない。現在その数は270票である。大統領は当選すると4年間の任期を務める。

アメリカ合衆国憲法第2条は、連邦法を「誠実に執行する」ことを大統領に課している。国家元首として、大統領は連邦政府の行政機関に対する責任を負う。また新しい法案を拒否する権限を持つため、大統領は法律制定にも影響を与える。アメリカ連邦議会は、一度大統領に拒否された法案を通すことの困難さを承知している。したがって、大統領が承認していない法案は、議会が可決する前にかなり慎重に検討される。大統領の他の権限と責任において、第2条は大統領を米軍最高司令官としている。すべての軍当局者は、戦時下においても平時においても大統領の命令に従う。また大統領は、戦争をどのように行うかの戦略においても最終決定権を持つ。憲法下では、連邦議会のみが宣戦布告する権限を持つ。しかし、大統領は軍最高司令官として危険が迫る場所には世界中どこにでも米軍を派遣することができる。また憲法により大統領は、最高裁判事とその他の連邦判事を指名する権限を与えられている。しかし、これらの指名は上院の投票による多数決で承認されなければならない。大統領は、連邦法に違反した者への恩赦または刑の執行延期を行う権限も持つ。1951年以来、合衆国憲法修正第22条により大統領の任期は2期までとなっている。

単語リスト

ℓ.7	**candidate**	名 立候補者　例 presidential candidate　大統領候補
ℓ.7	**elective**	形 選挙の、選挙で選ばれる 対義語 appointive　指名［任命］による
ℓ.8	**cast a vote for ~**	慣用句 ～に投票する（= vote for ～）
ℓ.9	**absolute majority**	名 絶対多数
ℓ.10	**be in office**	慣用句 在職している、政権を握っている 対義語 be out of office
ℓ.13	**execute**	動 ～を実行する、遂行する、執行する
ℓ.14	**federal government**	名 連邦政府（cf. state government　州政府）
ℓ.15	**legislation**	名 法律制定、立法
ℓ.15	**veto**	動 ～に拒否権を行使する 名 拒否権（議会が可決した法案に対し大統領などが持つ）
ℓ.16	**bill**	名 法案　例 pass a bill　議案を可決する

31. 解答 A

訳 次のうち、大統領が指揮権を持っていないのは、

選択肢

(A) ceremonies
(B) federal law
(C) the military
(D) court judges

選択肢の訳

(A) 式典
(B) 連邦法
(C) 軍隊
(D) 裁判官

解説 大統領の権限としては、第3パラグラフで、1) to "faithfully execute" federal law, 2) has the power to veto plans for new laws, 3) Commander in Chief of the United States Armed Forces, 4) the power to appoint Supreme Court Justices and other federal judges, 5) the power to grant pardons and reprieves などが述べられている。(A) は述べられていないので、これが正解。

32. 解答 C

訳 12行目の charges という語に最も意味が近いのは、

選択肢

(A) excuses
(B) forbids
(C) directs
(D) arranges

選択肢の訳

(A) ～の弁解をする
(B) ～を禁止する
(C) ～に命じる
(D) ～を手配する

解説 Article II of the U.S. Constitution charges the President to "faithfully execute" federal law. から、憲法第2条が連邦法を誠実に執行することを大統領「に命じる」しか正解になり得ないだろう。

33. 解答 B

訳 27行目の pardons という語の意味は、

選択肢

(A) The act of excusing people of bad actions.
(B) The act of excusing criminals from their sentences.
(C) The act of expelling politicians who have committed crimes.
(D) The act of excusing politicians who have committed crimes.

選択肢の訳

(A) よくない行いをする人々を許す行為。
(B) 犯罪人の刑を免除する行為。
(C) 罪を犯した政治家を免職にする行為。
(D) 罪を犯した政治家を許す行為。

解説 大統領は、連邦法に違反した者への pardons と reprieves を行う権限を持つという文脈である。pardon は Pardon me for interrupting you.（お邪魔してすみません）などから「許すこと」と意味を推測できるだろう。ここでは「恩赦」の意。一方、excuse someone from ～ は「(人) の～を許す、容赦する、(罰) を免除する」の意。したがって、(B) が正解。expel は「～を免職する」。

34. 解答 B

訳 16行目の it という語の指し示すものは、

選択肢

(A) Congress
(B) a bill
(C) legislation
(D) the power

選択肢の訳

(A) 議会
(B) 法案
(C) 法律
(D) 権力

解説 Congress is aware of the difficulty to pass a bill after it has been vetoed by the President.（アメリカ連邦議会は、一度大統領に拒否された法案を通すことの困難さを承知している。）の中の代名詞 it は、この直前の a bill を指す。bill とは前文の plans for new laws のこと。

35. 解答 D

訳 次のうち、パッセージで言及していないものは、

選択肢

(A) the electoral system of the U.S.
(B) the protocol concerning passing of new laws
(C) the maximum period of time one can remain President
(D) the writing of presidential speeches

選択肢の訳

(A) アメリカ合衆国の選挙システム
(B) 新しい法律の可決に関する手順
(C) 大統領の最大任期
(D) 大統領演説の執筆

解説 (A) は第2パラグラフに、また (B) は第3パラグラフの The President also influences legislation ... やその後の文で述べられている。また (C) に関しては、第2パラグラフ最後に任期は4年であること、パッセージの最後に務められるのは2期までであることが書かれている。しかし (D) に関してはどこにも述べられていないので、これが正解。

36. 解答 D

訳 次のうち、正しくないものは、

選択肢

(A) The President has the power to veto plans for new laws.
(B) The President can only stay in power for 8 years.
(C) The President has the power to designate certain court judges.
(D) The President can officially announce the start of a war.

選択肢の訳

(A) 大統領は新しい法案を拒否する権限を持つ。
(B) 大統領は8年だけ職にとどまることができる。
(C) 大統領は裁判官を指命する権限がある。
(D) 大統領は正式に宣戦布告できる。

解説 (A) は 第3パラグラフのThe President ... has the power to veto plans for new laws. から正しい。(B) は第2、3パラグラフの最後の1文から、4年間の任期を2期まで務めることができることがわかる。また、第3パラグラフより、大統領は Supreme Court Justices and other federal judges を指名する権限があるので、(C) も正しい。しかし (D) に関しては第3パラグラフの中程以降に only Congress can declare war とある。したがって (D) が正解。

37. 解答 A

訳 以下の文の中で、パッセージを最もよく要約しているものはどれか。

選択肢

(A) The President is the manager of the fields of law and military.
(B) The President is elected by electors who represent the people.
(C) The President takes charge of other politicians.
(D) The President has had less power since 1951.

選択肢の訳

(A) 大統領は法律と軍の管理者である。
(B) 大統領は国民を代表する選挙人によって選ばれる。
(C) 大統領は他の政治家の監督をする。
(D) 大統領の権力は1951年以降弱まった。

解説 このパッセージは大統領の任務について書かれている。the nation's Chief Executive として国を統治し、また立法にも影響力を持つ。また Commander in Chief として戦争の指揮を執る権限を持っている。その2点を押さえているのは (A)。

38. 解答 C

訳 このパッセージに続くパラグラフでおそらく詳細に述べられるのは、

選択肢

(A) American wars
(B) the legal system
(C) presidential terms
(D) the election system

選択肢の訳

(A) アメリカの戦争
(B) 法のシステム
(C) 大統領の任期
(D) 選挙システム

解説 話の流れは大統領選挙のシステムから大統領の任務、すなわち大統領が持っている権限が述べられている。そして文末では大統領の任期は2期まで、と述べられている。この後にパラグラフが続くとしたら、(C) 大統領の任期についてさらに詳しい話が続くのが自然だろう。

39. 解答 A

訳 以下のうち、このパッセージの内容を最もよく表しているタイトルは、

選択肢

(A) Powers and responsibilities of the U.S. President
(B) The influence of the U.S. President on law
(C) The influence of the U.S. President on war
(D) Chief Executive of the U.S.A.

選択肢の訳

(A) アメリカ大統領の権力と責任
(B) アメリカ大統領の法律への影響力
(C) アメリカ大統領の戦争への影響力
(D) アメリカ合衆国の元首

解説 大統領には国の元首 Chief Executive として、そして米軍最高司令官 Commander in Chief としての権限と責任があることがパッセージで述べられているので、それを最もよく表しているのは (A)。(B)、(C)、(D) は本文中で述べられているが部分的なので、タイトルとしては不適切。

40. 解答 C

訳 筆者によると、次のうち正しいものはどれか。

選択肢

(A) The President alone chooses judges.
(B) War can be decided on by the Armed Forces.
(C) A law vetoed by the President can be passed.
(D) A President must have graduated from college.

選択肢の訳

(A) 大統領が単独で裁判官を選ぶ。
(B) 戦争は軍隊によって決定される。
(C) 大統領が拒否した法案でも可決される可能性がある。
(D) 大統領は大学を卒業していなければならない。

解説 (A) 大統領は裁判官を appoint するが、単独で (alone) とは書いていない。(B) 戦争をどう戦うかを決めるのは大統領の権限。(D) 大統領は大学卒業者でなければならないかどうかに関しても筆者は述べていない。(C) に関して、第3パラグラフに Congress is aware of the difficulty to pass a bill after it has been vetoed by the President. とありこれは、可能性はあり得ることを示している。したがって、(C) が正解。

Questions 41-50

Studies of personality and individual differences are known as personality psychology. A person is believed to have a dynamic and organized set of characteristics that uniquely influences his or her cognitions, motivations, and behaviors in various situations.

The study of personality has a varied history and theoretical traditions. Biopsychological theories base personality on biological bases, which grew out of the case of Phineas Gage. Phineas Gage was a railroad construction foreman now remembered for his incredible survival of an accident in which a large iron rod penetrated his head while he was preparing the roadbed outside the town of Cavendish, Vermont. Gage was 25 years old when the accident happened on September 13, 1848. A large iron rod, as big and long as an inch and a fourth in diameter and three feet and seven inches in length, entered the left side of his face, shattering his upper jaw, and passing back behind his left eye before exiting at the top of his head. It destroyed the left frontal lobe of his brain. However, amazingly, Gage spoke within a few minutes of the accident, walked with little or no assistance, and sat upright in a car for the 3/4-mile ride to town where he had treatment.

Although Gage lost vision and developed ptosis in his left eye and was left with a large scar on his forehead, his physical recovery seemed to have been essentially complete by April 1849. His personality, however, apparently changed as a result of the injury to his brain. It was the first time this kind of damage had been witnessed as a result of an accident. The changes are said to be so profound that friends saw him as "no longer Gage." In February 1860, Gage suffered a series of increasingly violent convulsions, and he died in May of that year.

Phineas Gage influenced 19th-century thinking about the brain and the localization of its functions, and his was the first case suggesting that damage to specific areas of the brain might affect personality and behavior. Gage's story became the historical beginnings of the study of the biological basis of personality.

41. According to the author, what is the nature of a person's characteristics?

(A) Changing and systematic

(B) Changing and unsystematic

(C) Unchanging and systematic

(D) Unchanging and unsystematic

42. Which of the following would be the best title for the passage?

(A) Life Experience and Personality

(B) The Brain and Personality

(C) Phineas Gage's Accident

(D) The Functions of the Brain

43. According to the author, all of the following are true EXCEPT

(A) The rod went through Phineas Gage's left eye.

(B) Phineas Gage had mostly recovered by April 1849.

(C) Biopsychological theories started after Gage's accident.

(D) Phineas Gage changed the way people thought about personality.

44. What is the author's main purpose in writing the passage?

(A) To explain the history of the study of personality

(B) To explain the characteristics of personality

(C) To warn people to be careful of accidents

(D) To tell the story of Phineas Gage

45. The word "shattering" in line 13 is closest in meaning to
(A) piercing
(B) missing
(C) smashing
(D) avoiding

46. Another word which could be used in place of "profound" in line 22 is
(A) confusing
(B) amazing
(C) negative
(D) extreme

47. The words "this kind of damage" in line 21 refer to
(A) brain damage
(B) eye sight damage
(C) personality damage
(D) major facial damage

48. The paragraph following this passage probably discusses
(A) different biopsychological theories
(B) different personality types
(C) another similar accident
(D) the localization of functions

49. The author mentions all of the following EXCEPT

(A) Gage's physical injuries

(B) how much Gage recovered

(C) what caused Gage's accident

(D) Gage's psychological injuries

50. Which of the following best summarizes this passage?

(A) People can sometimes survive serious accidents.

(B) Different people have different characteristics.

(C) There are various theories about personality.

(D) Brain damage can cause personality change.

Reading Comprehension 解答・解説

Questions 41-50

パッセージの構成

①Studies of personality and individual differences are known as personality psychology. A person is believed to have a dynamic and organized set of characteristics that uniquely influences his or her cognitions, motivations, and behaviors in various situations.

②The study of personality has a varied history and theoretical traditions. ③Biopsychological theories base personality on biological bases, which ④grew out of the case of Phineas Gage. Phineas Gage was ⑤a railroad construction foreman now remembered for his incredible survival of an accident in which a large iron rod penetrated his head while he was preparing the roadbed outside the town of Cavendish, Vermont. ⑥Gage was 25 years old when the accident happened on September 13, 1848. A large iron rod, as big and long as an inch and a fourth in diameter and three feet and seven inches in length, ⑦entered the left side of his face, ⑧shattering his upper jaw, and ⑨passing back behind his left eye before ⑩exiting at the top of his head. It destroyed the left frontal lobe of his brain. However, amazingly, Gage spoke within a few minutes of the accident, walked with little or no assistance, and sat upright in a car for the 3/4-mile ride to town where he had treatment.

Although Gage lost vision and developed ptosis in his left eye and was left with a large scar on his forehead, his physical recovery seemed to have been essentially complete by April 1849. ⑪His personality, however, apparently changed as a result of the injury to his brain. It was the first time this kind of damage had been witnessed as a result of an accident. The changes are said to be so profound that friends saw him as "no longer Gage." In February 1860, Gage suffered a series of increasingly violent convulsions, and he died in May of that year.

Phineas Gage influenced 19th-century thinking about the brain and the localization of its functions, and his was the first case suggesting that damage to specific areas of the brain might affect personality and behavior. Gage's story became ⑫the historical beginnings of the study of the biological basis of personality.

ここがポイント　事件や事故に関するパッセージ

事件や事故に関する記述がパッセージにあったら、それは何を言うための記述なのかをとらえること。大抵は事故の原因や結果により、新たな発見や変化が起こったことが述べられている。それがパッセージの中心的な主張（main idea）である。ここでは、Gage の事故は第3、4パラグラフの主張を裏づけるものとなっている。

●パッセージの構成と全体の概要

第 1 パラグラフ

personality psychology
= studies of personality ①

a varied history and theoretical traditions ②

第 2 パラグラフ

biopsychological theories ③
↑
生物学的に性格をとらえた理論

↑ Gage の事故から生まれた ④

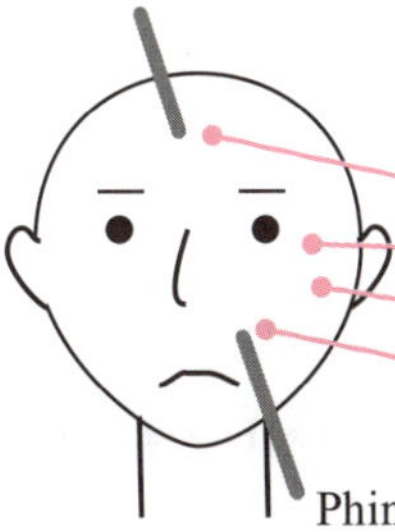

⑩ exiting at the top of his head
⑨ passing back behind his left eye
⑧ shattering his upper jaw
⑦ entered the left side of his face

Phineas Gage 25歳時の鉄道工事中の事故 ⑤、⑥（⑦⇒⑩の順に脳を貫通）

第 3 パラグラフ

〈事故の結果〉

脳の損傷
↓
性格の変化 ⑪

→

第 4 パラグラフ

性格の生物学的見地の研究の歴史的始まり ⑫

訳

性格や個人の違いの研究は性格心理学として知られている。人はさまざまな状況においてその人自身の認知、動機や行動に独自に影響を与える動的で組織だった性格を持っていると考えられている。

性格の研究は多様な歴史と理論的伝統がある。生体心理学の理論は、性格を生物学的見地を基に位置づけたもので、これはフィニアス・ゲージの事例から生まれた。鉄道工事の作業長だったフィニアス・ゲージは、バーモント州カベンディッシュの町の郊外で、路盤を準備中に大きな鉄の棒が頭に突き刺さるという事故を奇跡的に生き延びたことで、現在人々の記憶に残っている。事故の起こった1848年9月13日、ゲージは25歳だった。直径1.25インチ、長さ3フィート7インチという大きな鉄の棒が彼の顔の左側に刺さり、頭頂部から突き出る前に上あごを砕いて左目の後ろを通り抜けた。これにより脳の左前頭葉を損傷した。しかし驚いたことに、ゲージは事故後数分もしないうちに言葉を話し、多少の助けあるいは助けなしで歩き、車の座席にまっすぐ座り、治療を受けた町まで4分の3マイルを移動した。

ゲージは左目の視力を喪失し、眼瞼下垂を発症し、額に大きな傷が残ったものの、1849年4月には彼の身体はほとんど回復したように見えた。しかしながら彼の性格は脳に受けた損傷の結果、変わってしまったようだ。事故の結果としてこの種の損傷が立証されたのは初めてのことであった。その変化は彼の友人たちが、「彼はもう以前のゲージではない」というほど大きかったという。1860年2月に、ゲージは頻発する激しいけいれんに襲われ、同年5月に他界した。

フィニアス・ゲージは19世紀の脳や脳の機能の役割分担についての考え方に影響を与え、脳の特定部位への損傷が性格や行動に影響を及ぼし得ることを示唆した最初の事例となった。ゲージのエピソードは性格の生物学的見地の研究の歴史的始まりとなったのである。

単語リスト

ℓ.3	**cognition**	名 認識、認知、知覚
ℓ.8	**incredible**	形 信じられない（= unbelievable）、びっくりするほど素晴らしい（= wonderful）
ℓ.9	**penetrate**	動 ～を貫通する
ℓ.17	**treatment**	名 治療
ℓ.19	**recovery**	名 回復　例 physical recovery　身体の回復
ℓ.20	**essentially**	副 本質的には、基本的には（= fundamentally）
ℓ.20	**apparently**	副（実際はともかく）見たところは～らしい
ℓ.21	**injury**	名 損害、負傷、損傷
ℓ.22	**witness**	動 ～を立証する、証拠づける
ℓ.24	**convulsion**	名 けいれん、ひきつけ（= fit）

41. 解答 A

訳 筆者によると、人間の性格の性質はどのようなものか。

選択肢

(A) Changing and systematic
(B) Changing and unsystematic
(C) Unchanging and systematic
(D) Unchanging and unsystematic

選択肢の訳

(A) 変化し、組織だっている
(B) 変化し、組織だっていない
(C) 変化せず、組織だっている
(D) 変化せず、組織だっていない

解説 本文第2文に、人には a dynamic and organized set of characteristics があると書いてある。dynamic は「動的な」なので unchanging とは言えない。そして organized は「組織だった」なので systematic と同義。したがって (A) が正解。

42. 解答 B

訳 次のうち、このパッセージのタイトルとして最も適切なものはどれか。

選択肢

(A) Life Experience and Personality
(B) The Brain and Personality
(C) Phineas Gage's Accident
(D) The Functions of the Brain

選択肢の訳

(A) 人生経験と性格
(B) 脳と性格
(C) フィニアス・ゲージの事故
(D) 脳の機能

解説 これは、最後のパラグラフに damage to specific areas of the brain might affect personality and behavior と要約されているように、フィニアス・ゲージの事故を例に、脳が性格や行動に及ぼす影響について述べられたパッセージである。したがって (B) が表題（タイトル）として最適。

43. 解答 A

訳 筆者によると、次のうち正しくないものは、

選択肢

(A) The rod went through Phineas Gage's left eye.

(B) Phineas Gage had mostly recovered by April 1849.

(C) Biopsychological theories started after Gage's accident.

(D) Phineas Gage changed the way people thought about personality.

選択肢の訳

(A) 棒がフィニアス・ゲージの左目を貫通した。

(B) フィニアス・ゲージは1849年の4月にはほとんど回復した。

(C) 生体心理学の理論はゲージの事故の後で生まれた。

(D) フィニアス・ゲージは人々の性格についての考え方を変えた。

解説 (B) は第3パラグラフの essentially complete「基本的に回復した＝ほとんど回復した」から、(C) は第2パラグラフの第2文から正しい内容とわかる。(D) は最後のパラグラフから、彼の事故により性格が脳の機能と密接な関係にあることが初めてわかり、正しい記述。(A) に関して本文で棒は passing back behind his left eye (左目の後ろを通り抜けた) とあるので、left eye に貫通はしていない。したがって、(A) が正解。

44. 解答 A

訳 筆者がこのパッセージを書いた主な意図は何か。

選択肢

(A) To explain the history of the study of personality

(B) To explain the characteristics of personality

(C) To warn people to be careful of accidents

(D) To tell the story of Phineas Gage

選択肢の訳

(A) 性格についての研究の歴史を説明するため

(B) 性格の特徴を説明するため

(C) 人々に事故に気をつけるよう警告するため

(D) フィニアス・ゲージの話を語るため

解説 人間の性格について、生物学に基礎を置く biopsychology の理論がフィニアス・ゲージの事故をきっかけに始まり、性格に対する人々の考えに影響を与えたことを概説したものである。したがって、目的は単に (B) 性格の特徴を説明したり、(D) フィニアス・ゲージの話をするためではない。また (C) に関してはどこにも書かれていない。(A) が正解。

45. 解答 C

訳 13行目の shattering という語に最も意味が近いのは、

選択肢

(A) piercing
(B) missing
(C) smashing
(D) avoiding

選択肢の訳

(A) 貫いて
(B) 逃して
(C) 砕いて
(D) 避けて

解説 まず棒は the left side of his face に入り、shattering his upper jaw、それで passing back behind his left eye という状況を考えると、(B) や (D) でないことは明白。すでに entered the left side of his face と「顔の左側に入った」のだから (A) piercing もふさわしくない。正解は (C) smashing「砕いて」。

46. 解答 D

訳 22行目の profound と置き換えて使える別の語は、

選択肢

(A) confusing
(B) amazing
(C) negative
(D) extreme

選択肢の訳

(A) 惑わす
(B) 驚くべき
(C) 否定的な
(D) はなはだしい

解説 so ～ that ... の意味を考えると「その変化はあまりに～なので友人たちが彼はもう以前のゲージではないというほど」ということで、変化が非常に大きく極端なものだったと推測できる。(D) extreme が正解。(B) amazing は「驚くべき」という意味だが、よい意味で驚くときに使われる。

47. 解答 C

訳 21行目の this kind of damage という語句の指し示すものは、

選択肢

(A) brain damage
(B) eye sight damage
(C) personality damage
(D) major facial damage

選択肢の訳

(A) 脳の損傷
(B) 視力の損傷
(C) 性格の損傷
(D) 顔面の深刻な損傷

解説 第3パラグラフの冒頭では、身体的にはほぼ完治したように見えたが、性格が脳の損傷の結果変わった、とある。それに続き「事故の結果として this kind of damage が立証された」とあり、その後、友人たちによると性格が全く違ってしまったことが述べられている。したがって、ここでいう damage とは (C)。

48. 解答 A

訳 このパッセージに続くパラグラフでおそらく述べられるのは、

選択肢

(A) different biopsychological theories
(B) different personality types
(C) another similar accident
(D) the localization of functions

選択肢の訳

(A) 生体心理学の異なる理論
(B) 異なる性格タイプ
(C) 別の類似の事故
(D) 機能の局所化

解説 このパッセージは性格研究のうちフィニアス・ゲージの事故から生物学をベースにして生まれた biopsychological theories の一例を述べたものである。最後の文から、このパッセージの後にパラグラフが続くとしたら、(A) が一番自然であろう。ちなみに localization というのは、脳が部位ごとに違う機能を担っていることを意味する。

49. 解答 C

訳 次のうち、筆者が言及していないものは、

選択肢

(A) Gage's physical injuries
(B) how much Gage recovered
(C) what caused Gage's accident
(D) Gage's psychological injuries

選択肢の訳

(A) ゲージの身体的な負傷
(B) ゲージがどれくらい回復したか
(C) なぜゲージの事故が起こったか
(D) ゲージの心理的な傷害

解説 (A)、(B) は第2パラグラフの中程と第3パラグラフの第1文から、(D) に関しては性格が大きく変わったということから述べられている。しかし事故が起きた原因はどこにも述べられていないので、(C) が正解。

50. 解答 D

訳 次のうち、このパッセージを最もよく要約しているものはどれか。

選択肢

(A) People can sometimes survive serious accidents.
(B) Different people have different characteristics.
(C) There are various theories about personality.
(D) Brain damage can cause personality change.

選択肢の訳

(A) 人間は時に深刻な事故を生き延びることがある。
(B) 異なる人々は異なる性格を持っている。
(C) 性格について、さまざまな理論がある。
(D) 脳の損傷は性格の変化をもたらすことがある。

解説 パッセージの最後の段落で damage to specific areas of the brain might affect personality and behavior と述べられている。したがって、それを表しているのは (D)。

解答一覧

Section 1

1	**C**	11	**B**	21	**B**	31	**C**	41	**C**
2	**B**	12	**B**	22	**A**	32	**D**	42	**B**
3	**C**	13	**D**	23	**C**	33	**C**	43	**D**
4	**D**	14	**D**	24	**B**	34	**D**	44	**C**
5	**A**	15	**D**	25	**C**	35	**C**	45	**D**
6	**A**	16	**D**	26	**C**	36	**D**	46	**A**
7	**C**	17	**B**	27	**D**	37	**C**	47	**D**
8	**A**	18	**B**	28	**C**	38	**B**	48	**B**
9	**D**	19	**B**	29	**D**	39	**D**	49	**C**
10	**C**	20	**B**	30	**B**	40	**D**	50	**C**

Section 2

1	**B**	11	**A**	21	**C**	31	**B**
2	**D**	12	**C**	22	**D**	32	**D**
3	**A**	13	**B**	23	**A**	33	**C**
4	**C**	14	**D**	24	**C**	34	**D**
5	**B**	15	**A**	25	**A**	35	**D**
6	**D**	16	**D**	26	**A**	36	**B**
7	**A**	17	**A**	27	**C**	37	**C**
8	**A**	18	**A**	28	**D**	38	**D**
9	**C**	19	**B**	29	**A**	39	**B**
10	**B**	20	**C**	30	**C**	40	**B**

Section 3

1	**D**	11	**A**	21	**C**	31	**A**	41	**A**
2	**A**	12	**A**	22	**C**	32	**C**	42	**B**
3	**B**	13	**C**	23	**D**	33	**B**	43	**A**
4	**C**	14	**D**	24	**B**	34	**B**	44	**A**
5	**C**	15	**B**	25	**B**	35	**D**	45	**C**
6	**B**	16	**D**	26	**A**	36	**D**	46	**D**
7	**B**	17	**A**	27	**A**	37	**A**	47	**C**
8	**C**	18	**C**	28	**B**	38	**C**	48	**A**
9	**A**	19	**D**	29	**B**	39	**A**	49	**C**
10	**D**	20	**D**	30	**C**	40	**C**	50	**D**

TOEFL ITPテスト
受験体験記

留学

受験体験記

ITPを受験された方にITPの受験体験記を寄せていただきました。
学習方法や受験当日に気をつけたこと、そしてこれからITPを受験する皆さんへの
アドバイスが書かれていますので、参考にしてください。
留学の貴重な経験についてもいろいろ教えていただきました。

R.M.さん（大学3年生）

ITPスコア ……… 580
ITP受験回数 …… 6回
留学経験 ……… 現在留学中（iBTのスコアで出願）

ITP受験のきっかけ

初めは学校のクラス分けのために受験していましたが、その後ITPでもっと高いスコアを取りたいと思い、受験し続けました。

私のITP学習法

文法 最も重点を置いて勉強したセクションです。問題集の文法セクションを何度も繰り返し解き、完全に問題の形式に慣れたら、また別の問題集の文法セクションを繰り返し解きました。

リーディング 持っている問題集のパッセージを何度も読みました。ITPのリーディングは時間を使い過ぎると間に合わなくなることがあるので、まずパッセージの構成、語彙、問題形式に慣れるようにしました。一度解いた問題も少しすると忘れてしまうので、何度も読み返すことは効果的だと思います。

単語 「TOEFLテスト英単語3800」（旺文社）を使っていました。この単語集は文句なしの1冊です。私はITP受験時にはRANK 3まですべて覚えました。

ITP受験時に気をつけたこと

時間配分に気をつけました。さまざまな問題集の模擬試験や過去問を本番に見立て何度も解きました。また、リーディングでは、単語の問題などすぐ解けそうな問題は最初にすべて解くようにしました。

iBT受験について

進学を希望しており、後々iBTのスコアが100以上必要になることが分かっていたので、iBTも受験しました。iBTはITPより問題が長く難易度も高いですが、ITPで学習したことは間違いなくiBTでも生かせると思います。

留学生活について

読みものが多いときも苦にならないようになりました。ITPで鍛えたリスニング能力はこちらでも十分に使えると思います。

留学までの道のり

大学1年生のときは普通のペースで勉強していました。2年生の初めに入り、「TOEFLテスト英単語3800」の単語を覚え始めました。覚えた単語は、授業やネイティブの先生と話すときに使うように心掛けました。そして2年生の後期からiBTの勉強を始めました。iBT受験の3か月前から学習を始めたので、かなり遅いスタートでしたがその分集中して勉強しました。単語はすでに学習していたので、各セクションの対策に集中し、問題を何度も解いて理解することを心掛けました。

ITPを受験される方へのメッセージ

やはり反復が大切です。問題集を何度も繰り返し解くことを心掛けるとよいかと思います。

留学を希望されている方へのメッセージ

私は何でも努力すれば結果はついてくると信じています。友達が楽しんでいるときに、友達からの誘いを断って勉強することはとても苦しいことでしたが、おかげで今はアイビーリーグの1校に交換留学しております。ITP（iBT）の勉強はテストだけではなく、普段の英語力向上にもつながります。私もこれからまだまだTOEFLの勉強を続けていくつもりです。一緒に頑張りましょう！

S.T.さん（大学2年生）

ITPスコア ……… 540
ITP受験回数…… 6回
留学経験 ……… これから留学予定（ITPのスコアで出願）

ITP受験のきっかけ

交換留学のため、また定められたITPスコアを取得すると大学で受講できる授業が増えるため継続的に受験しています。

私のITP学習法

私の学科では入学時からITP受験が必須となっており、また定められたITPのスコアを超えれば単位がもらえるので、日ごろの学習がITPのスコアにつながるように学習しています。

文法 過去の受験経験から、文法セクションが勉強した分だけ点数が上がることを学んだので、より多くの文法の問題を解くようにしています。

リスニング 日ごろから英語に耳を慣らしておく必要があると思うので、ITPの問題集に付属されているCDをミュージックプレイヤーに入れて学校に着くまでの間、電車の中でひたすら聞いています。ITPのリスニングには、学校では習わないような会話表現がよく出てくるので、繰り返し聞き、耳で学ぶようにしています。ただ聞くのではなく、スクリプトなどを見て日本語でも理解することも必要になると思います。難しい言葉や細かい部分も自然と頭に入るようになるまで何度も繰り返し聞くようにしています。

単語 単語集で学習するというスタイルが合わないので、多くの長文を読み、その中で単語を学ぶように心掛けています。コンテクストから学ぶのが一番簡単ですし、論文を読む練習にもなります。

ITP受験時に気をつけたこと

体調を整えることは、どのテストを受ける際にも必要なので、必ず前の日にはよく睡眠をとってテストに影響がないように心掛けています。リスニングのPart Aなどは、文章が短いので特に集中力が必要になります。また、時間制限にも気をつけています。文法セクションとリーディングセクションでは何度も読み返す時間がないので、効率よくかつ時間を気にしながら読む必要があります。

ITPと留学

最近ではITPのスコアで留学できる大学が増えており、私が希望していた大学もITPのスコアで出願できました。

留学までの道のり

私は「大学に入学したら絶対に留学する」と決めていたので、入学後はひたすら勉強に専念しました。私は交換留学を希望していたので、特にITPの勉強に焦点を当てました。入学当初のスコアは430ほどでクラスでも一番と言っていいくらい低かったものの、1年ほどコツコツと勉強を続けて100以上スコアを上げ、交換留学の基準を超えることができました。その後、提携校の中から交換留学先を決め、英語での面接や志望理由書の作成に向けて頑張りました。そして無事にオーストラリアの大学への学部留学が決まりました。今は留学に向けて特にリーディングを集中的に学習しています。

ITPを受験される方へのメッセージ

私のスコアが1年間で100以上上がったように、コツコツと勉強を続ければスコアが上がると思います。ITPのテストは努力した分だけスコアがついてくるものです。最初スコアが低くても継続して頑張ることでいくらでも上がります。私もまだまだ努力が足りていませんし、現状に満足していないので、もっと頑張りたいと思います。

留学を希望されている方へのメッセージ

今、ITPのスコアで留学できる提携大学が増えてきています。私も実際にITPのスコアでオーストラリアの大学への交換留学が決まりました。ITPを勉強することは、留学資格の取得のためだけでなく、海外の大学の授業でも役立つものだと思います。自分のためになると思って勉強することでよりモチベーションが上がってくると思います。留学を考えている皆さんが、それぞれ希望する大学に進学できることを願っています。

A.C.さん（大学4年生）

ITPスコア ……… 520（留学前）
ITP受験回数…… 10回
留学経験 ……… 留学から帰国（IELTSのスコアで出願）

私のITP学習法

大学1年生のときは、大学で開催されるITPを毎月のように受験していました。本番を何度も味わうことで、次の受験に向けての目標が自然と見つかりました。また、大学での英語の授業を100%吸収するつもりで、日々勉学に励んでいました。授業はもちろんのこと、多くの課題をこなしてきたので、大学2年生のときには500点の壁を自然に突破できました。

リーディング 特に難しい内容が多いので、英字新聞の*Wall Street Journal*を読んでいました。

単語 TOEFL ITP用の単語集を購入し、よく眺めていました。さらに自分専用の単語帳を作って、普段生活している中で初めて見聞きする単熟語などを書き留めて、後で復習していました。

ITP受験時に気をつけたこと

特に気をつけていたことは、時間配分です。ゆっくり確実に1題1題解くと、問題全部を終わらせることができないので（特にリーディング）、わからないときは潔く諦め、次の問題へすぐ取り掛かっていました。わかる問題を先に解いていくのが効率の良い解き方です！　また、リスニングセクションでは、選択肢を先に読んでおくことで、どのような内容が話されるのかをある程度想像できますので、テンポよく問題を解いていくことができます。

留学生活について

留学生活というと華やかなイメージがあるかもしれませんが、日本の大学との勉強量との違いに愕然とし、学術的なことを学ぶにあたっては、日常英会話力だけでは太刀打ちできないことに気付かされます。私は、IELTSの試験で交換留学の夢を叶えましたが、現地の大学にいたとき、ITP、iBTを問わずTOEFLの勉強を続けていなかったことに対して大変後悔したことを覚えています。TOEFLはアメリカの大学で学ぶために必要な要素がたくさん詰まっています。例えばITPのリスニングの内容の会話が現地では当たり前のように聞こえてきます。

リーディングセクションで見るような難しい内容を現地では毎日100ページ以上も読まなくてはなりません。つまり、TOEFLのテストができなければ現地の授業についていくのは大変厳しいと思います。交換留学した際、授業についていくことが本当に大変でした。しかし、大学の勉強とは別に、日本から持参したTOEFLの単語集を繰り返し勉強しているうちに、半年後には授業の内容を理解し、宿題でもいい評価をもらえるようになりました。

留学までの道のり

交換留学を目指したのは、大学1年生が終わった後、カナダのバンクーバーで1年間の休学留学をしていたときのことです。カナダでの生活が刺激的でもっと英語圏で勉強したい、学部留学の夢を叶えたいと思ったことがきっかけでした。どこの国のどこの大学へ行くべきなのか悩みましたが、英語のスコアが高ければ高いほど、選択肢が広がるので、できるだけ高い点数を取れるように勉学に励みました。高い点数を取って可能性を広げたおかげで、ご縁あってアメリカのアイオワ大学へ1年間の交換留学に行くことができました。

ITPを受験される方へのメッセージ

これからTOEFL iBTを受験する方も、まずは練習としてITPを受験されることをお薦めします。繰り返し勉強し、受験することによって確実に点数は伸びますし、iBTを受験するにあたってはとても良い練習の場になるはずです。最近ではITPのスコアを利用して留学することができるようになってきていますので、是非受験して自分の可能性を広げてください。TOEFLでいい点数を取れるように頑張ってください。就職時に必要なTOEICで高得点を取ることがとても簡単に感じるはずです！！！

留学を希望されている方へのメッセージ

私は、大学在学中に北米へ計2年間の留学をすることができました。この2年間の経験は自分の人生において何にも代えがたい宝のようなものです。もし、留学したいという気持ちが少しでもあるのならば絶対にその夢を叶えてほしいと思います。特に交換留学を成功させるためには越えなくてはならない壁がたくさんあると思いますが、代表として選ばれ、派遣されることに誇りを持って、現地ではたくさんのことを勉強してきてもらいたいです。辛いこと、楽しいこと、留学生活ではどんな些細なことからも学ぶことがたくさんあります。頑張ってください！！　応援しています！！！　Make your dreams come true!

H.M.さん（大学4年生）

ITPスコア ……… 600
ITP受験回数…… 6回
留学経験 ……… 留学から帰国（IELTSのスコアで出願）

ITP受験のきっかけ

学校の学年末テストで受験が必須だったため、受験していました。

私のITP学習法

日本にいるとどうしても英語に触れる機会が少なくなってしまいますので、日常生活の中でできる限り英語に触れられるように工夫しました。私は試験対策として英語を勉強するよりも、実際に英語に触れて英語力を向上させてきました。皆さんも「習うより慣れろ」の精神で、実際に英語を使ってみてください。

リスニング 有名な英語スピーチ（アメリカの大学の著名人による卒業スピーチなど）を聞いて分からない単語を調べたり、シャドーイングをしたりしました。また、海外ドラマや映画を見ながらネイティブの発音に慣れるようにしました。

リーディング とにかく大量の英文を読むに尽きると思います。特に速読が大切だと感じました。洋書やBBC、CNNなどを時間のあるときに読むようにしています。毎日読む習慣をつけることが大切だと思うので、英字新聞を購読するのがおすすめです。

単語 単語集を1冊購入して、電車の中や何かを待っている間にできるだけ見るようにしました。大切なのは、単語集だけで勉強しないで、実際にその単語がどういう文で使われるのかを気にすることです。また、新しい単語を覚えたら、その単語を使って自分で文章を作ってみるのも、良い練習になると思います。私は「単語・フレーズ用ノート」を持ち歩いており、「これって英語で何て言うんだろう？　この英語ってどういう意味だろう？」と思ったらその場でメモを取り、1日の終わりに必ず調べるようにしています。このような毎日の積み重ねがとても大切だと思います。だんだんとノート数が増えていくのが楽しみになるので、おススメです。

ITP受験時に気をつけたこと

時間配分に気をつけました。特に、リーディングは時間がかかるので、1つの問題にこだわりすぎないように気をつけました。また集中力もとても大切だと思います。しっかりと前日に睡眠を取って、ご飯もしっかり食べて万全の体調で臨むことが大切だと思います。

留学生活

ニュージーランドの大学に交換留学を1年間しました。留学先では理系以外の授業が自由に取れたので、Intercultural CommunicationとTourismの授業を履修しました。日本の大学とは比べ物にならない量のリーディングの宿題が出て、始めは予習に追われて睡眠時間がとても短くなりました。また、エッセー課題も3,000 wordsのものが普通に出て苦戦しました。

留学先では、日本の何百倍も大変な環境に置かれます。最初は、教授やクラスメイトの話すスピードに全然ついていけませんでした。課題もかなり時間がかかりましたが、頑張れば慣れるものです。留学前後でBBCニュース記事を読む時間を比べたら、半分以下になっていました。

また、留学先の大学では積極的にイベントなどに参加して、友達をたくさん作って英語を話すようにしました。留学先では、とにかく何事にも挑戦することが大切だと思います。

ITPを受験される方へのメッセージ

ITPは時間配分がとても大切です。ある程度分野別の練習をして自信がついてきたら、時間を計って過去問やプレテストをして慣れることが大切だと思います。また、試験対策だけをするのではなく、日常生活の中で工夫をして、英語に触れる時間を増やしていくことも大切です。回数を重ねるとだんだん要領もつかめてきます。是非頑張ってください！

留学を希望されている方へのメッセージ

1年間の交換留学生活は間違いなく私の人生で一番の思い出になっています。現地大学の授業がとても大変だったのは事実ですが、その分学ぶべきことがたくさんあったり、一生の親友を見つけられたり、さまざまな文化を学ぶことができました。異なる言語を話し、異なる文化やバックグラウンドを持つ人たちと交流ができるということが英語を学習している醍醐味だと私は考えています。試験の先に待っている楽しいことを想像しながら、試験対策を頑張るとモチベーションを上げられると思います。

MEMO

MEMO

キリトリ線

Answer Sheet

EXAMPLE				
CORRECT	INCORRECT	INCORRECT	INCORRECT	INCORRECT
(A) (B) ● (D)	(A) (B) (✓) (D)	(A) (B) (✗) (D)	(A) (B) (◗) (D)	(A) (B) (◎) (D)

SECTION 1

1	(A) (B) (C) (D)	21	(A) (B) (C) (D)	41	(A) (B) (C) (D)
2	(A) (B) (C) (D)	22	(A) (B) (C) (D)	42	(A) (B) (C) (D)
3	(A) (B) (C) (D)	23	(A) (B) (C) (D)	43	(A) (B) (C) (D)
4	(A) (B) (C) (D)	24	(A) (B) (C) (D)	44	(A) (B) (C) (D)
5	(A) (B) (C) (D)	25	(A) (B) (C) (D)	45	(A) (B) (C) (D)
6	(A) (B) (C) (D)	26	(A) (B) (C) (D)	46	(A) (B) (C) (D)
7	(A) (B) (C) (D)	27	(A) (B) (C) (D)	47	(A) (B) (C) (D)
8	(A) (B) (C) (D)	28	(A) (B) (C) (D)	48	(A) (B) (C) (D)
9	(A) (B) (C) (D)	29	(A) (B) (C) (D)	49	(A) (B) (C) (D)
10	(A) (B) (C) (D)	30	(A) (B) (C) (D)	50	(A) (B) (C) (D)
11	(A) (B) (C) (D)	31	(A) (B) (C) (D)		
12	(A) (B) (C) (D)	32	(A) (B) (C) (D)		
13	(A) (B) (C) (D)	33	(A) (B) (C) (D)		
14	(A) (B) (C) (D)	34	(A) (B) (C) (D)		
15	(A) (B) (C) (D)	35	(A) (B) (C) (D)		
16	(A) (B) (C) (D)	36	(A) (B) (C) (D)		
17	(A) (B) (C) (D)	37	(A) (B) (C) (D)		
18	(A) (B) (C) (D)	38	(A) (B) (C) (D)		
19	(A) (B) (C) (D)	39	(A) (B) (C) (D)		
20	(A) (B) (C) (D)	40	(A) (B) (C) (D)		

SECTION 2

1	(A) (B) (C) (D)	21	(A) (B) (C) (D)
2	(A) (B) (C) (D)	22	(A) (B) (C) (D)
3	(A) (B) (C) (D)	23	(A) (B) (C) (D)
4	(A) (B) (C) (D)	24	(A) (B) (C) (D)
5	(A) (B) (C) (D)	25	(A) (B) (C) (D)
6	(A) (B) (C) (D)	26	(A) (B) (C) (D)
7	(A) (B) (C) (D)	27	(A) (B) (C) (D)
8	(A) (B) (C) (D)	28	(A) (B) (C) (D)
9	(A) (B) (C) (D)	29	(A) (B) (C) (D)
10	(A) (B) (C) (D)	30	(A) (B) (C) (D)
11	(A) (B) (C) (D)	31	(A) (B) (C) (D)
12	(A) (B) (C) (D)	32	(A) (B) (C) (D)
13	(A) (B) (C) (D)	33	(A) (B) (C) (D)
14	(A) (B) (C) (D)	34	(A) (B) (C) (D)
15	(A) (B) (C) (D)	35	(A) (B) (C) (D)
16	(A) (B) (C) (D)	36	(A) (B) (C) (D)
17	(A) (B) (C) (D)	37	(A) (B) (C) (D)
18	(A) (B) (C) (D)	38	(A) (B) (C) (D)
19	(A) (B) (C) (D)	39	(A) (B) (C) (D)
20	(A) (B) (C) (D)	40	(A) (B) (C) (D)

SECTION 3

1	(A) (B) (C) (D)	21	(A) (B) (C) (D)	41	(A) (B) (C) (D)
2	(A) (B) (C) (D)	22	(A) (B) (C) (D)	42	(A) (B) (C) (D)
3	(A) (B) (C) (D)	23	(A) (B) (C) (D)	43	(A) (B) (C) (D)
4	(A) (B) (C) (D)	24	(A) (B) (C) (D)	44	(A) (B) (C) (D)
5	(A) (B) (C) (D)	25	(A) (B) (C) (D)	45	(A) (B) (C) (D)
6	(A) (B) (C) (D)	26	(A) (B) (C) (D)	46	(A) (B) (C) (D)
7	(A) (B) (C) (D)	27	(A) (B) (C) (D)	47	(A) (B) (C) (D)
8	(A) (B) (C) (D)	28	(A) (B) (C) (D)	48	(A) (B) (C) (D)
9	(A) (B) (C) (D)	29	(A) (B) (C) (D)	49	(A) (B) (C) (D)
10	(A) (B) (C) (D)	30	(A) (B) (C) (D)	50	(A) (B) (C) (D)
11	(A) (B) (C) (D)	31	(A) (B) (C) (D)		
12	(A) (B) (C) (D)	32	(A) (B) (C) (D)		
13	(A) (B) (C) (D)	33	(A) (B) (C) (D)		
14	(A) (B) (C) (D)	34	(A) (B) (C) (D)		
15	(A) (B) (C) (D)	35	(A) (B) (C) (D)		
16	(A) (B) (C) (D)	36	(A) (B) (C) (D)		
17	(A) (B) (C) (D)	37	(A) (B) (C) (D)		
18	(A) (B) (C) (D)	38	(A) (B) (C) (D)		
19	(A) (B) (C) (D)	39	(A) (B) (C) (D)		
20	(A) (B) (C) (D)	40	(A) (B) (C) (D)		